阿斯图印象

Пейзажи АТУРК

阿斯图文化系列丛书编写组　编

Составитель: Авторский коллектив культурной книжной серии АТУРК

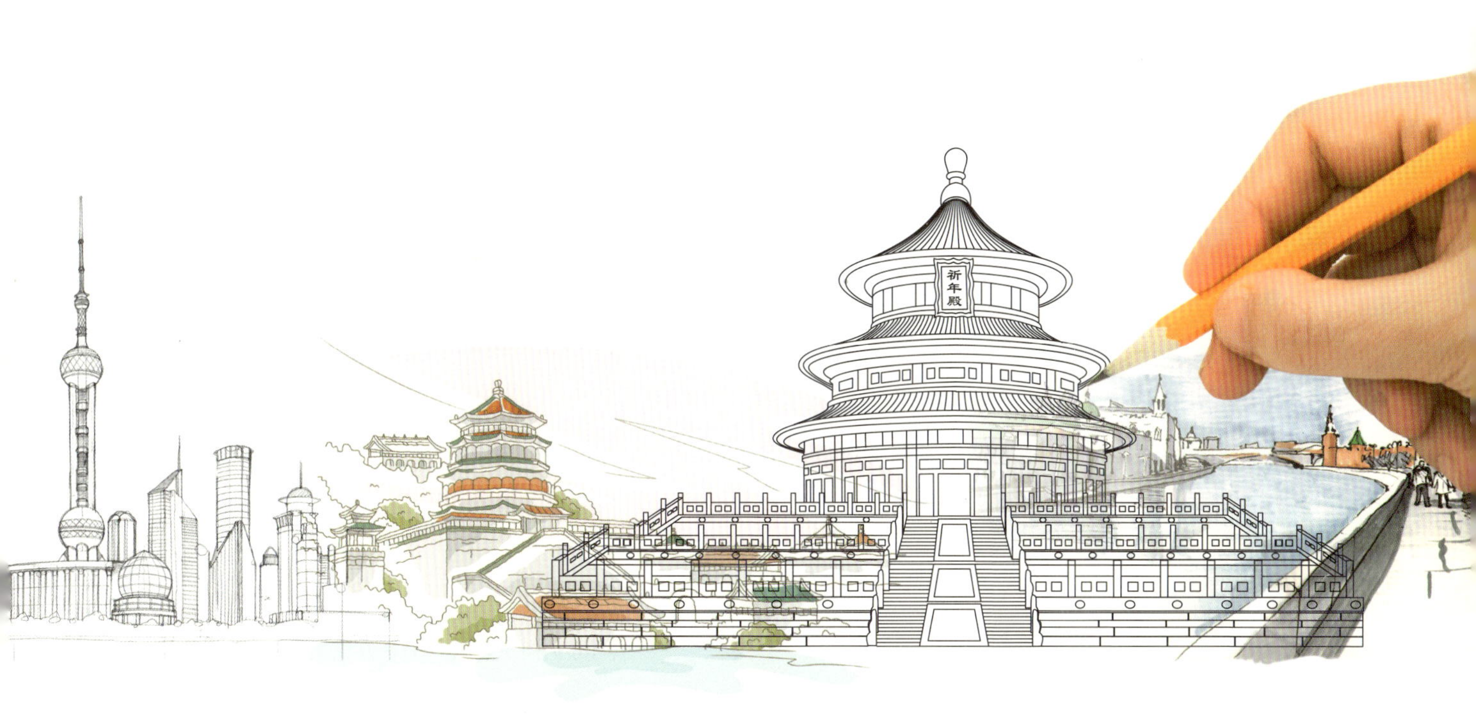

致　　辞

亲爱的朋友们：

中俄两国元首共同发表《中华人民共和国和俄罗斯联邦关于发展新时代全面战略协作伙伴关系的联合声明》，实现两国关系提质升级，共同开启中俄关系更高水平、更大发展的新时代，同时更为新时代中俄高等教育合作注入了新的活力。中俄工科大学联盟紧抓两国高等教育合作交流新趋势，创新人才培养模式，促进科研协同攻关，丰富人文交流内涵，引领两国高等教育深度合作。

“国势之强由于人，人材之成出于学。”高校不仅是精英人才培养的摇篮，更是支撑国家核心竞争力的重要柱石。作为国家构成的基本单位，城市与大学相辅相成、共生共荣。大学依城市而兴，城市因大学而盛。城市促进高等教育改革与发展，高校通过人才支撑与智力支持反哺城市繁荣。青年学子在此树立理想，点燃激情，燃烧斗志，以校园文化强化责任担当，以城市愿景培养家国情怀，为国家发展、人类进步而奋发图强，将人生最美好的时光镌刻在这所学校里，这片土地上。

《阿斯图印象》手绘集借助中俄两国师生画笔，不仅描绘了两国高校及所在城市的发展历史与现状，再现了中俄合作交流精彩瞬间，寄托了作者的深切眷恋和缱绻情愫，更加展示了两国之间、两国院校之间以及两国师生之间的深厚情谊。希望这本书使读者朋友们成为中俄两国优秀文化的积极传承者、传统友谊的主动传播者及世代友好的坚定维护者，共同开创中俄关系的美好明天！

“凿井者，起于三寸之坎，以就万仞之深。”中俄工科大学联盟将以《阿斯图印象》手绘集的出版作为新的起点，积极推动中俄高校人文交流机制化、长效化、品牌化，提升两国人文交流的广度、深度与高度，成为新时代中俄高校人文交流的“领航员”。

中俄工科大学联盟中方常设主席

中国工程院院士

哈尔滨工业大学校长

周玉

ПРИВЕТСТВЕННОЕ СЛОВО

Дорогие друзья!

Лидеры России и Китая выпустили «Совместное заявление Российской Федерации и Китайской Народной Республики о развитии отношений всеобъемлющего партнерства и стратегического взаимодействия, вступающих в новую эпоху». Это способствует повышению качества отношений между двумя странами, поднимает российско-китайские отношения на новый уровень, ускорит развитие в новом времени, а также придает еще больше усилий сотрудничеству в сфере высшего образования между нашими странами. АТУРК уделяет пристальное внимание новой тенденции сотрудничества и обмена между двумя странами в области высшего образования, совершенствованию модели методики подготовки кадров, а также содействует координации научных исследований, обогащению гуманитарных обменов и руководит углубленным сотрудничеством в области высшего образования между двумя странами.

«Вся мощь страны состоит из людей, а талант рождается в процессе обучения». Высшие учебные заведения являются не только колыбелью подготовки элитных кадров, но и важнейшей основой конкурентоспособности страны. Будучи основными единицами, государства, города и университеты дополняют друг друга. Университеты вызывают интерес, благодаря городу, а процветание города зависит от университетов. Город продвигает и развивает образовательные реформы, а университет располагает талантами и интеллектуальной поддержкой, благодаря чему город процветает. Здесь молодые люди воплощают в жизнь свои идеалы, разжигают боевой дух и задор для достижения поставленных перед собой целей. Университеты помогают усилить чувство долга с помощью культурного влияния, воспитывают студентов в духе любви к семье и к Родине с городской перспективой. Во имя развития государства, человеческого прогресса и огромного труда, самая прекрасная пора человеческой жизни проходит здесь, в конкретном для каждого студента учебном заведении, на данном для каждого человека участке земли.

Альбом художественных картин ручной работы «Пейзажи АТУРК» с помощью кисти студентов и преподавателей двух стран не только показал пейзажи китайских и российских университетов, но и освятил историю развития городов, их состояние на текущий момент, а также состояние блестящего российско-китайского сотрудничества. Во время ознакомления с альбомом вы сможете почувствовать вложенные авторами глубокие эмоции: тоску и любовь. Альбом ещё больше раскрыл наши страны, а также дружбу университетов, дружбу между студентами и преподавателями из России и Китая. Надеюсь, что благодаря «Пейзажам АТУРК», читатели станут активными наследниками великих культур и Китая, и России, активными коммуникаторами традиционной дружбы и верными защитниками дружбы, передающейся из поколения в поколение, вместе создадут лучшее будущее для российско-китайских отношений!

В Китае говорят: «Бурение скважины начинается с трёхдюймовой ямы, а достигает огромной глубины». Выпуск альбома художественных произведений ручной работы «Пейзажи АТУРК» также стало новым началом. АТУРК будет активно способствовать институционализации, долгосрочности и брендированию российско-китайского гуманитарного обмена между высшими учебными заведениями, расширит и углубит гуманитарный обмен между Китаем и Россией, а также поможет выйти таким обменам на новый уровень, а в новую эпоху станет навигатором гуманитарного обмена китайских и российских университетов.

Сопредседатель АТУРК с китайской стороны
Академик Китайской академии инженерных наук
Ректор Харбинского политехнического университета
Чжоу Юй

致　辞

敬爱的读者朋友们：

由哈尔滨工业大学和莫斯科鲍曼国立技术大学积极创建的中俄工科大学联盟（简称“阿斯图”）现已吸引两国67所顶尖高校参加。联盟自2015年启动图书出版项目，意在反映两国关系的历史、记录为两国关系发展做出巨大贡献的历史人物、描绘教育系统发展及其历史纪念日，项目名为——阿斯图文化系列丛书。

2015年至2020年，联盟共出版3本“阿斯图文化系列丛书”。第一本为莫斯科鲍曼国立技术大学副校长、阿斯图俄方执行长谢尔盖·科尔舒诺夫所著的《一个俄罗斯人的哈尔滨情结》，该书译成中文后，以汉俄双语的形式在中国出版。第二本书是《反法西斯战争中的中俄工科大学联盟院校》纪念画册，旨在纪念中苏人民抗击德国法西斯主义和日本军国主义战争胜利70周年。

该系列的第三本书《那年那月那日》是中国留学苏联或俄罗斯高校毕业生的回忆录文集，这些留学生在中国以及中国经济、工业、科学和教育发展方面功勋卓著。

各位读者，请关注《阿斯图印象》手绘集一书。该书是由联盟内院校学生及教职员工的绘画作品构成，拟于联盟始创校哈尔滨工业大学百年校庆日发布。

出版上述三本书和新书的目的是为了新一代中俄公民留存我们共同的史实、令人难忘的事件和同时代人对于此的印象，这些内容构成了中俄友好合作的基础。正如中国有句格言所说，“拥有共同回忆的人，不会形同陌路”；另有俗语称，“好记性不如烂笔头”。记载优于记忆，根据我们哈工大同事的策划，出版这本手绘集的初衷是让画笔与颜料成为展示阿斯图高校所在城市非凡之处、各校古今建筑以及中俄友好合作大事件的工具。

手绘集中的大多数作者是阿斯图院校的在校生。他们的作品充满了对周围世界的新鲜感、对故土的热爱、对其他民族文化与历史的积极态度以及对自身力量的坚定信心。一位俄罗斯大学生在她的绘画作品附文中写道：“在世界任何一个地方，我们都可以共建美好家园，在各族人民之间共享安定祥和。”

阿斯图盟校的艺术家们在自己的油画、写生和素描作品中展示了各自城市的建筑古迹、大学校园的如画风景、许多大型建筑物和建筑结构，其中还包括中俄共建项目的成果。此外，一些画作描绘出中俄合作盛会的场景。许多作品的主题都与那些正在和将要推动两国关系发展的人士息息相关。

对于俄罗斯读者来说，毫无疑问，他们不仅想了解中国作者的绘画主题，而且还想领略他们独创的绘画技艺。中国读者应该会对俄罗斯艺术家们涵盖从阿尔汉格尔斯克到符拉迪沃斯托克广袤地域的画作兴趣浓厚。

愿新一代中俄两国的大学生读者们从老师与前辈手中接下发展中俄友谊与合作的接力棒，爱护和增添两国关系的历史文化遗产。

我谨代表中俄工科大学联盟以及我本人，向《阿斯图印象》手绘集的绘画作者表示诚挚的谢意，祝愿他们再创辉煌。

中俄工科大学联盟俄方常设主席
莫斯科鲍曼国立技术大学校长
A.A. 亚历山大罗夫

ПРИВЕТСТВЕННОЕ СЛОВО

Уважаемые читатели!

Ассоциация технических университетов России и Китая (АТУРК), созданная при активном участии МГТУ им. Н.Э. Баумана и Харбинского политехнического университета (ХПУ) и объединяющая сегодня в своем составе 67 ведущих университетов России и Китая, приступила в 2015 году к реализации проекта по изданию книг, посвященных истории отношений между нашими двумя странами, историческим личностям, внесшим большой вклад в развитие отношений между ними, развитию систем образования, памятным датам в их истории. Этот проект получил название «Культурная книжная серия АТУРК».

За период с 2015 по 2020 год было выпущено три книги этой серии. Это перевод на китайский язык книги исполнительного директора АТУРК с российской стороны, проректора МГТУ им. Н.Э. Баумана С.В. Коршунова «Харбинские зарисовки» (она выпущена в Китае на русском и китайском языках). Вторая книга – это фотоальбом «Университеты АТУРК вовремя антифашисткой войны», посвященный 70-й годовщине победы советского народа и китайского народа в войне против германского фашизма и японского милитаризма.

Третья книга «Те дни... те месяцы... те годы...» этой серии составлена из очерков воспоминаний выпускников советских и российских вузов из Китайской Народной Республики, которые внесли большой вклад в развитие своей страны, ее экономики, промышленности, науки и образования.

Предлагаемый Вашему вниманию альбом «Пейзажи АТУРК», составленный из живописных и графических работ студентов, сотрудников и преподавателей российских и китайских университетов АТУРК, приурочен к 100-летию со дня основания Харбинского политехнического университета – соучредителя АТУРК.

Целью издания этих книг и нового альбома является сохранение для новых поколений российских и китайских граждан фактов нашей общей истории, памятных событий и впечатлений современников, из которых складывается основа отношений дружбы и сотрудничества между Россией и Китаем. Как гласит китайская пословица, люди, у которых есть общие воспоминания, не могут быть чужими. Другая пословица гласит о том, что хорошая память хуже, чем кончик плохой кисти. Записать лучше, чем запомнить. По замыслу наших коллег из ХПУ, предложивших издание этого художественного альбома, именно кисти и краски стали средством отображения примечательных мест городов, где расположены университеты АТУРК, современные и исторические здания самих университетов, а также событий российско-китайской дружбы и сотрудничества.

Авторство большинства представленных в Альбоме графических и живописных работ принадлежит студентам вузов АТУРК. Эти студенческие работы проникнуты свежестью восприятия окружающего мира, любовью к родным местам, позитивным отношением к культуре и истории других народов, а также уверенностью в своих силах. Вот, что написала одна российская студентка в сопроводительном тексте к своей картине: «В любой точке мира мы сможем создать общий дом и дружеский климат [в отношениях] между народами».

В своих картинах, этюдах и рисунках художники университетов АТУРК изобразили архитектурные и исторические памятники своих городов, живописные виды кампусов своих университетов, масштабные инженерные сооружения и строительные конструкции и, в том числе, являющиеся результатом российско-китайских проектов. На некоторых картинах представлены изображения событий российско-китайского сотрудничества. Сюжеты многих из них связаны с людьми, которые развивают эти отношения сейчас и с теми из них, кто будет развивать их в будущем.

Российским читателям будет, безусловно, интересно познакомиться не только с сюжетами картин китайских авторов, но также и с оригинальной техникой их исполнения. Китайских читателей должны будут заинтересовать картины российских художников, география которых охватывает нашу страну от Архангельска до Владивостока.

Я желаю читателям из числа нового поколения российских и китайских студентов, которые примут из рук своих учителей и старших товарищей эстафету развития отношений дружбы и сотрудничества между Россией и Китаем, бережно сохранять и приумножать культурное и историческое наследие отношений между нашими странами.

От лица нашей Ассоциации и от себя лично я хочу выразить благодарность авторам, предоставившим свои работы для опубликования в альбоме Пейзажи АТУРК и пожелать им новых творческих успехов.

Сопредседатель АТУРК с российской стороны
Ректор МГТУ им. Н.Э. Баумана
А.А. Александров

致　辞

亲爱的朋友们：

2019年6月，习近平主席访问俄罗斯期间，两国元首共同宣布，中俄全面战略协作伙伴关系进入新时代，中俄关系朝着“守望相助、深度融通、开拓创新、普惠共赢”的目标迈进，展现出了无比强大的生命力和广阔的发展潜力。

人文交流是两国关系长远发展的根基所在。中俄工科大学联盟（简称“阿斯图”）作为中俄人文合作委员会框架下高等教育领域有效的交流平台，开创了中俄同类高校联盟的先河，为两国同类高校开展合作树立了典范。近年来，阿斯图引领双方高等院校间合作向全方位、多层次和高水平方向发展，在加强两国青年友爱、民心相通、科教共赢、文化互鉴等方面发挥了积极作用。

艺术无国界，绘画传递着人与人之间的情感，也是最能引起共鸣的艺术手段之一。中俄两国绘画历史悠久，在世界美术领域各成体系。《阿斯图印象》手绘集不仅收录了中俄两国高校及高校所在城市的建筑风景与生活图景，也展现了不同画风所遵循的绘画技法、美学原则和哲学理念，更寄托了两国师生对所在高校、所处城市的真挚情感，以及两国人民间的深厚友谊，具有重要的人文艺术价值。

青年是传统文化的传承者、现代文化的开拓者、文化传播的实践者和文化建设的引领者。青年一代在推动两国艺术交流与保护文化多样性方面肩负重要使命。希望通过阅读这本书，中俄两国的青年读者朋友们能够彼此欣赏、互学互鉴，使中俄两国友谊的火炬代代相传！

中华人民共和国驻俄罗斯联邦特命全权大使

张汉晖

ПРИВЕТСТВЕННОЕ СЛОВО

Дорогие друзья:

В июне 2019 года во время визита председателя Си Цзиньпина в Россию, главы двух государств совместно объявили о развитии китайско-российских всесторонних отношений стратегического взаимодействия и партнерства в новую эпоху, китайско-российские отношения продвигаются с целью «взаимопомощи и поддержки, глубокой интеграции, освоения инноваций и взаимовыгоды», выражая сильную волю и огромный потенциал развития.

Гуманитарный обмен является основой долгосрочного развития отношений между двумя странами. Ассоциация технических университетов России и Китая (сокращенно «АТУРК») - это эффективная коммуникационная площадка в сфере высшего образования в рамках Российско-Китайского комитета по гуманитарному сотрудничеству, положила начало союзу аналогичных вузов России и Китая, что стало примером для развития сотрудничества между аналогичными вузами двух стран. В последние годы АТУРК всесторонне, многопланово и на высоком уровне ведет развитие сотрудничества между двумя вузами, играет активную роль в таких аспектах как укрепление дружбы молодежи, межнациональные связи, научно-образовательные взаимовыгодные сотрудничества, культурный обмен и т.д.

Искусство не имеет границ, живопись передает межчеловеческие эмоции и является одним из самых резонирующих инструментов искусства. Китайско-российская живопись имеет многовековую историю и представляет собой систему в области мирового изобразительного искусства. Альбом художественных картин ручной работы «Пейзажи АТУРК» включает в себя не только архитектурные пейзажи и образ жизни городов, в которых находятся университеты Китая и России, но и показывает технику живописи, эстетические принципы и философские идеи, которые принадлежат разным стилям живописи, кроме того, выражает искренние чувства преподавателей и студентов двух стран к университетам и городам, а также глубокую дружбу между двумя народами, которая имеет важное значение для человеческой культуры и искусства.

Молодые люди являются наследниками традиционной культуры, первооткрывателями современной культуры, практиками культурного обмена и лидерами культурного строительства. Молодое поколение несет важную миссию в содействии обмену искусством и защите культурного разнообразия между двумя странами. Надеемся, что читая эту книгу, молодые читатели из Китая и России смогут взаимно восхититься, научиться друг у друга и передать факел дружбы между Китаем и Россией из поколения в поколение!

Чрезвычайный и Полномочный Посол КНР в РФ

Чжан Ханьхуэй

致　　辞

亲爱的朋友们：

你们手中的这本收录了 200 多幅作品的精美画册是来自中俄两国 20 座城市的 25 所中俄工科大学联盟高校师生员工的共同结晶。

这本画册将成为“阿斯图文化系列丛书”的新成员。“阿斯图文化系列丛书”项目于 2015 年启动，目前已出版了三部图书。

作者们在画作中既展现了艺术作品间的差异性，又表现了建筑设计构思上的相通性。有的作者描绘了中俄大学校园中的历史建筑和现代建筑，有的作者刻画了中俄两国的城市景观，有的作者再现了见证中俄友谊的美好瞬间。

对中俄两国关系发展来说，今年是具有纪念意义的一年。两国人民将共同庆祝伟大的卫国战争胜利 75 周年和抗日战争胜利 75 周年。在被誉为“工程师的摇篮”的中国一流工科大学——哈尔滨工业大学百年校庆之际，我们将为这些作者举办画展，届时，这本画册也将出版问世。

我想对积极参与作品遴选和为准备资料做出极大贡献的朋友们，以及负责翻译和文字编辑的工作人员们表示衷心的感谢！

我相信，你们所做的工作将加强两国高校间的人文合作，开创两国绘画艺术合作的新境界。

祝作者们再创佳作！

俄罗斯联邦驻中华人民共和国特命全权大使

A.И. 杰尼索夫

ПРИВЕТСТВЕННОЕ СЛОВО

Дорогие друзья!

Вы держите в руках замечательный альбом графики и живописи, в котором собраны более 200 работ студентов, преподавателей и сотрудников из двадцати пяти вузов, входящих в Ассоциацию технических университетов России и Китая и представляющих двадцать городов наших двух стран.

Проект является ярким продолжением стартовавшей в 2015 году акции «Культурная книжная серия АТУРК», в рамках которой уже издано три книги.

Стремясь показать как разноплановость художественного творчества, так и перекликающиеся мотивы в архитектурных решениях, авторы изобразили исторические и современные здания российских и китайских университетов, пейзажи городов, сюжеты, связанные с российско-китайской дружбой.

Для двусторонних отношений текущий год — юбилейный. Народы наших стран отмечают 75-летие Победы в Великой Отечественной войне и 75-летие Победы китайского народа в войне сопротивления Японии. Проведение художественной выставки и выпуск в свет альбома приурочены к 100-летию со дня основания Харбинского политехнического университета, одного из ведущих технических вузов Китая, кузницы квалифицированных инженерных кадров.

Хотел бы искренне поблагодарить всех тех, кто принимал активное участие в отборе картин и рисунков для сборника, внес большой вклад в подготовку материалов, обеспечивал перевод и редактировал рукописи.

Уверен, что ваш проект будет способствовать укреплению гуманитарных культурных связей между университетами, откроет новые горизонты для сотрудничества в сфере изобразительного искусства.

Желаю авторам художественных работ новых творческих успехов!

Чрезвычайный и Полномочный Посол РФ в КНР
А.И. Денисов

致　辞

亲爱的朋友们：

在您手中的这本《阿斯图印象》手绘集，首先是一扇通往快乐、多彩的大学生世界的大门，充满了图书和手绘笔记的味道，弥漫着欢欣愉悦的点点滴滴与不眠之夜的静谧寂寥，还有初获成功的甘甜滋味以及考试时在所难免的紧张不安。想必，我们每个人都会怀念这段无忧无虑的时光，而有了这本手绘集以后，我们便可以再次神游于熟悉的走廊，看一看以前念书的教室，漫步在十分熟悉的校园。校园的建筑被一层看不见的故事网紧密包裹，这些故事在一代代莘莘学子之间流传。

该手绘集的地理分布范围令人赞叹。书中收录了描绘中俄20个城市的25所大学风光的手绘作品。翻开画册，您可以一览各个不同方面的风景与建筑物，如今它们已然成为我们两国城市建筑形象不可分割的组成部分。

中俄工科大学联盟（简称“阿斯图”）在推动中俄教育合作以及促进青年交流方面的日常工作中，对两国之间的双边教育交流发展进程产生了积极影响。北京俄罗斯文化中心，作为这些活动的参与者之一，我们欣然发现该领域所有主要方向的互动量逐年增长，得益于这项出色的合作。越来越多的中俄大学生将能目睹并接受这本精美手绘集所涵盖的部分中俄高校的风光之美与特殊精神。

我相信，该手绘集将在“阿斯图文化系列丛书”中占据应有的地位，而画册上呈现的景象与事实，也将有助于进一步提高两国青年参与中俄高校所开展教育交流的共同兴趣。

俄罗斯联邦驻华大使馆一等秘书

北京俄罗斯文化中心主任

Т.Л. 卡西亚诺娃

ПРИВЕТСТВЕННОЕ СЛОВО

Дорогие друзья!

Альбом графики и живописных работ «Пейзажи АТУРК», который Вы держите в руках — это, прежде всего, ворота в веселый и яркий мир студенчества, до краев наполненный запахом библиотечных книг и исписанных конспектов, отзвуками веселых собраний и тишиной бессонных ночей, сладким вкусом первых успехов и неизбежным волнением экзаменационной поры. Наверное, каждый из нас с ностальгией вспоминает эти беззаботные годы, а благодаря этой книге мы можем вновь мысленно пройти по знакомым коридорам, заглянуть в ставшие родными аудитории и прогуляться по до боли знакомому студенческому городку, здания которого плотно увиты незримой паутиной историй и примет, передающихся между студентами из поколения в поколение.

Восхищает география сборника. В книгу вошли художественные работы, описывающие 25 университетов из 20 городов Китая и России. Листая альбом, можно увидеть разноплановые пейзажи и здания, ставшие сегодня неотъемлемой частью архитектурного образа городов наших стран.

Каждодневный труд Ассоциации технических университетов России и Китая (АТУРК) по взаимному продвижению российского и китайского образования, а также содействию молодежному сотрудничеству положительно отражается на динамике двухстороннего образовательного обмена между нашими странами. Со стороны Российского культурного центра в Пекине как одного из участников этих процессов, мы с удовольствием отмечаем ежегодный рост объема взаимодействия по всем основным направлениям в данной сфере, ведь благодаря этой большой совместной работе все больше и больше российских и китайских студентов смогут своими глазами увидеть и впитать в себя красоту и особый дух университетских пейзажей вузов наших стран, часть из которых вошла в этот замечательный альбом.

Уверена, что пейзажей вузов займет достойное место в книжной серии проектов АТУРК, а образы и факты, представленные на его страницах, будут способствовать дальнейшему росту взаимного интереса среди молодежи наших стран к участию в образовательных обменах, проводимых университетами России и Китая.

Первый секретарь Посольства РФ в КНР

Директор Российского культурного центра в Пекине

Т.Л. Касьянова

前　言

中俄两国地缘相接、人缘相亲、文缘相通，互为最忠诚的伙伴、最坚强的后盾，树立了大国、邻国关系的典范。双方在教育、科技、文化、青年政策、体育、旅游、媒体、地方等领域开展务实合作，有力促进了两国民心相融，为中俄新时代全面战略协作伙伴关系发展提供了有力支撑。

文化因互鉴而多彩，心灵因沟通而紧密，友谊因交流而深厚。飞速发展的中俄人文交流在推动两国关系发展中发挥了不可或缺且至关重要的作用。作为“中俄人文合作委员会”框架下的有效交流平台，中俄工科大学联盟紧密围绕人才培养、科学研究、社会服务、文化传承与创新、国际合作与交流等新时期高校五大重要使命不断引领两国精英大学扩大合作领域，丰富合作内容，创新合作方式，在科技人文交流、高层次人才培养、高水平科研合作等领域开展了一系列特色活动，已形成独具特色的发展模式，为中俄同类高校开展合作树立典范，在中俄两国社会各界产生广泛影响。

面对时代发展新需求，顺应中俄关系新脉动，联盟于2015年正式启动“阿斯图文化系列丛书”项目，旨在传承阿斯图理念，加强阿斯图文化建设，扩大联盟在两国的文化影响力。在中俄盟校的大力支持下，继《一个俄罗斯人的哈尔滨情结》、《反法西斯战争中的中俄工科大学联盟院校》纪念画册、《那年那月那日》之后，阿斯图隆重推出第四部力作——《阿斯图印象》手绘集！

作为地方文化创造和传承的基地，大学的存在和发展对一座城市的存在和发展意义重大。中俄两国高校建筑的历史外观与现代面貌是两国城市建筑史中不可或缺的一部分，二者文化的相互交融在这一领域也有所体现。这在一定程度上也说明了两国城市建筑的相似性，例如苏联时期中俄高校的建筑：哈尔滨工业大学与莫斯科鲍曼国立技术大学在战后时期的建筑就是很好的证明。在十月革命之前两国高校建筑风格也具有高度相似性，例如位于哈尔滨的俄式建筑——哈尔滨工业大学的历史建筑、原中东铁路管理局，以及坐落于莫斯科的中式建筑——佩尔洛夫茶馆等。在中俄两国其他城市同样存在类似例证。这也是本书以“盟校历史与现代建筑映像、所在城市建筑古迹”作为第一个主题的原因所在。所有建筑都将城市及自然景观巧妙地融入其中，因此本书中多部画作都以祖国的自然风景为题。画家力求向读者传达与祖国大地和文化古迹相关的感受与体验。有些作品的题材与人们的日常生活及其创作活动有关，还有一些作品，其内容与中俄合作发展及联合项目成果直接相关。两国师生在《阿斯图印象》这一项目上所取得的预期成果将为中俄高校间人文、科学、教育合作发展赋予新动能，并提高学生参与学术交流活动的积极性。

为保证全书内容的丰富性与多样性，联盟内各中俄高校通过远程邮件联络、电话垂询、校园官网、微信平台等多种渠道发布征稿通知，积极联络校内相关专业师生及绘画爱好者，历时半载，共收集中俄 20 个城市 26 所高校的 264 篇投稿。后经仔细筛选，收录来自 25 所高校的 228 幅手绘作品。

感谢阿斯图联盟中俄院校在《阿斯图印象》手绘集成书过程中大量人力、物力投入，感谢中俄双方诸多专家、学者、教师的鼎力相助！特别感谢哈尔滨工业大学俄语系徐红老师与李文戈老师对于中俄文稿件翻译审校所付出的努力！

由于时间所限，书中难免会有疏漏和不尽人意之处，还望读者和专家学者不吝赐教，以供今后修订时改正。

鸣谢单位：

牵头院校：

哈尔滨工业大学

莫斯科鲍曼国立技术大学

中方院校：（排名不分先后，以拼音字母为序）

北京科技大学	北京理工大学
长春理工大学	重庆大学
东南大学	哈尔滨工程大学
黑河学院	华南理工大学
吉林大学	天津理工大学
同济大学	西安交通大学

俄方院校：（排名不分先后，以俄文字母为序）

远东联邦大学	顿河国立技术大学
伊热夫斯克国立技术大学	国家研究型大学－伊尔库茨克国立理工大学
喀山国家研究型技术大学	MIREA－俄罗斯技术大学
国家研究型莫斯科国立建筑大学	北方（北极）联邦大学
西伯利亚国立列舍特涅夫科技大学	乌拉尔联邦大学
南乌拉尔国立大学（国家研究型大学）	

阿斯图文化系列丛书编写组

Предисловие

Россия и Китай связаны между собой географическим положением, хорошими отношениями и культурой. Россия и Китай - преданные партнеры, которые стали прочной опорой друг другу. Эти две страны своим преданным сотрудничеством сформировали модель отношений между большими граничащими странами. Обе стороны активно сотрудничают в сферах образования, науки и техники, культуры, молодёжной политики, спорта, туризма, средств массовой информации, межрегионального сотрудничества и т.д., что эффективно содействует интеграции двух народов и способствует развитию всестороннего партнёрства и стратегического сотрудничества между Россией и Китаем в новую эпоху.

Культура многогранна благодаря взаимному обучению, души наших народов близки, благодаря тесному общению, дружба - благодаря мощным коммуникациям. Динамичное развитие российско-китайского гуманитарного сотрудничества играет все более важную роль в укреплении отношений двух стран. Ассоциация технических университетов России и Китая (АТУРК) в рамках эффективного взаимодействия с Российско-Китайской комиссией по гуманитарному сотрудничеству участвует в решении важных задач формирования университетов новой эры: подготовке кадров, проведении научных исследований, социальных услуг, сохранении культурного наследия и инновации, а также в развитии международного сотрудничества и обменов. АТУРК непрерывно способствует расширению сфер сотрудничества выдающихся университетов, внедряет инновационные методы сотрудничества, а также проводит целый ряд мероприятий в области научного и гуманитарного обменов, подготовки высококлассных кадров и налаживанию научно-исследовательского сотрудничества высокого уровня. Обеими странами уже сформирован исключительный путь развития российских и китайских университетов. Развитие сотрудничества между российскими и китайскими университетами оказало обширное влияние на разнообразные сферы общества в обеих странах.

Столкнувшись с новыми потребностями и новым импульсом российско-китайских отношений, в 2015 году АТУРК официально представила культурную книжную серию АТУРК с целью продолжения концепции АТУРК, усиления культурного строительства АТУРК и расширения влияния ассоциации в двух странах. При поддержке российских и китайских университетов, входящих в ассоциацию, после издания фотоальбома «Университеты АТУРК во время антифашистской войны», книги «Харбинские зарисовки», книги воспоминаний «Те дни... те месяцы... те годы...», АТУРК представила свой четвёртый шедевр - Альбом художественных картин ручной работы «Пейзажи АТУРК»!

Как база культурного творчества и наследия, существование и развитие университетов имеет колоссальное значение для развития города. Облик современных и исторических зданий университетов России и Китая представляет собой неотъемлемую часть городской архитектуры наших стран. Взаимопроникновение российской и китайской культур нашло свое отражение и в этой сфере. Этим можно объяснить сходство архитектуры городских зданий и, в том числе, зданий вузов советского периода в России и Китае. Хорошим примером тут могут служить послевоенные здания МГТУ и ХПУ. Заметно это сходство и в архитектуре зданий дореволюционного периода. Среди них историческое здание ХПУ, здания управления КВЖД в Харбине, построенные в стиле русский модерн, а также Чайный дом купца Перлова в Москве, выполненный в китайском стиле. Подобные примеры, очевидно, существуют и в других городах России и Китая. Именно поэтому первой темой альбома «Пейзажи АТУРК» были названы изображения исторических и современных зданий университетов Ассоциации, а также и других памятников архитектуры и зданий городов, где находятся эти университеты. Все эти здания органически вписаны в городской и природный ландшафт, поэтому большое количество картин данного альбома посвящено теме родной природы. Авторы работ старались донести до читателей альбома свои чувства и переживания, связанные с родными краями и с их достопримечательностями. Некоторые сюжеты картин, связаны с бытом людей, с их созидательной деятельностью. Есть сюжеты, прямо связанные с развитием российско-китайского сотрудничества и результатами совместных проектов. Ожидаемым результатом работы преподавателей и студентов университетов АТУРК по реализации проекта «Пейзажи АТУРК» будет новый импульс в развитии гуманитарного, научно-образовательного сотрудничества российских и китайских университетов, расширение взаимного интереса российских и китайских студентов к участию в академическом обмене между нашими странами.

Чтобы обеспечить богатство и разнообразие содержания книги, российские и китайские университеты АТУРК рассылали уведомления посредством электронной почты, телефонных запросов, официальных сайтов университетов, платформы WeChat и других способов для активного взаимодействия с квалифицированными преподавателями, студентами и любителями рисования. Потребовалось полгода, рабочей группе проекта «Пейзажи АТУРК» удалось собрать 264 картины из 25 университетов. География представленных работ охватывает 20 городов России и Китая. После тщательного отбора в книгу вошло 228 художественных работ.

Мы выражаем искреннюю благодарность российским и китайским университетам АТУРК, за их огромный вклад в подготовку материалов для издания альбома «Пейзажи АТУРК», а также экспертам, учёным и преподавателям за их великодушную помощь! Мы благодарим преподавателей факультета русского языка Харбинского политехнического университета Сюй Хун и Ли Вэньгэ за квалифицированный перевод и редактирование российских и китайских рукописей!

Из-за нехватки времени в книге неизбежно будут упущения и недостатки, надеемся, что читатели и ученые не будут судить строго и напишут о своих замечаниях и предложениях для улучшения нашей работы в будущем.

Выражаем благодарность активным участникам проекта:

Харбинский политехнический университет

Московский государственный технический университет имени Н.Э. Баумана

Мы благодарим университеты АТУРК – участников проекта с российской стороны (согласно алфавитному порядку):

Дальневосточный федеральный университет

Донской государственный технический университет

Ижевский государственный технический университет имени М.Т. Калашникова

Иркутский национальный исследовательский технический университет

Казанский национальный исследовательский технический университет имени А. Н. Туполева – КАИ

МИРЭА – Российский технологический университет

Национальный исследовательский Московский государственный строительный университет

Северный (Арктический) федеральный университет имени М. В. Ломоносова

Сибирский государственный университет науки и технологий имени академика М. Ф. Решетнёва

Уральский федеральный университет имени первого Президента России Б.Н. Ельцина

Южно-Уральский государственный университет (национальный исследовательский университет)

Университеты АТУРК – участников проекта с китайской стороны (согласно алфавитному порядку транскрипции пиньин):

Пекинский университет науки и техники

Пекинский политехнический институт

Чанчуньский политехнический университет

Чунцинский университет

Юго-Восточный университет

Харбинский инженерный университет

Хэйхэский университет

Южно-Китайский технологический университет

Цзилиньский университет

Тяньцзиньский технологический университет

Университет Тунцзи

Сианьский университет Цзяотун

Авторский коллектив культурной книжной серии АТУРК

中俄工科大学联盟院校名单

中方成员院校

哈尔滨工业大学
（联盟发起单位，中方常设秘书处）

排名不分先后，以拼音字母为序

澳门大学
北京航空航天大学
北京科技大学
北京理工大学
重庆大学
大连理工大学
东南大学
哈尔滨工程大学
华南理工大学
华中科技大学
吉林大学
南京航空航天大学
南京理工大学
山东大学
上海交通大学
天津大学
同济大学
西安交通大学
西北工业大学
香港城市大学
香港科技大学
香港理工大学
浙江大学
中国石油大学（华东）

中方观察员院校

长春理工大学
黑河学院
太原理工大学
天津理工大学
西安石油大学
中国石油大学（北京）

俄方成员院校

莫斯科鲍曼国立技术大学
（联盟发起单位，俄方常设秘书处）

排名不分先后，以俄文字母为序

阿穆尔国立大学
远东联邦大学
伊热夫斯克国立技术大学
国家研究型大学 – 伊尔库茨克国立理工大学
喀山国家研究型技术大学
MIREA – 俄罗斯技术大学
莫斯科航空学院（国家研究型大学）
莫斯科国立汽车公路技术大学
莫斯科物理技术学院（国立大学）
国家研究型莫斯科国立建筑大学
莫斯科钢铁合金学院
国家研究型托木斯克理工大学
国家研究型莫斯科动力学院
国立核能研究大学 – 莫斯科工程物理学院
新西伯利亚国立技术大学
圣彼得堡亚历山大一世国立交通大学
彼尔姆国家研究型理工大学
俄罗斯国立石油天然气大学（国家研究型大学）
圣彼得堡国立电工大学
圣彼得堡国家信息技术、机械学与光学研究型大学
圣彼得堡彼得大帝理工大学
萨马拉国家研究型大学
北方（北极）联邦大学
东北联邦大学
西伯利亚联邦大学
太平洋国立大学
乌拉尔联邦大学
南乌拉尔国立大学（国家研究型大学）

俄方观察员院校

阿斯特拉罕国立大学
别尔哥罗德舒霍夫国立技术大学
格罗兹尼国立石油技术大学
顿河国立技术大学
阿穆尔共青城国立大学
西伯利亚国立列舍特涅夫科技大学
秋明工业大学

Список университетов АТУРК

Члены-университеты АТУРК с российской стороны

Московский государственный технический университет имени Н.Э. Баумана
(учредитель АТУРК, постоянная дирекция АТУРК с российской стороны)

В алфавитном порядке:

Амурский государственный университет
Дальневосточный федеральный университет
Ижевский государственный технический университет имени М.Т. Калашникова
Иркутский национальный исследовательский технический университет
Казанский национальный исследовательский технический университет имени А. Н. Туполева – КАИ
МИРЭА-Российский технологический университет
Московский авиационный институт (национальный исследовательский университет)
Московский автомобильно-дорожный государственный технический университет (МАДИ)
Московский физико-технический институт (государственный университет)
Национальный исследовательский Московский государственный строительный университет
Национальный исследовательский технологический университет «МИСиС»
Национальный исследовательский Томский политехнический университет
Национальный исследовательский университет «МЭИ»
Национальный исследовательский ядерный университет «МИФИ»
Новосибирский государственный технический университет
Петербургский государственный университет путей сообщения Императора Александра I
Пермский национальный исследовательский политехнический университет
Российский государственный университет нефти и газа (национальный исследовательский университет) имени И.М. Губкина
Санкт-Петербургский государственный электротехнический университет «ЛЭТИ» имени В.И. Ульянова (Ленина)
Санкт-Петербургский национальный исследовательский университет информационных технологий, механики и оптики
Санкт-Петербургский политехнический университет Петра Великого
Самарский национальный исследовательский университет имени академика С.П. Королева
Северный (Арктический) федеральный университет имени М. В. Ломоносова
Северо-Восточный федеральный университет имени М.К. Аммосова
Сибирский федеральный университет
Тихоокеанский государственный университет
Уральский федеральный университет имени первого Президента России Б.Н. Ельцина
Южно-Уральский государственный университет (национальный исследовательский университет)

Университеты-наблюдатели АТУРК с российской стороны

Астраханский государственный университет
Белгородский государственный технологический университет им. В. Г. Шухова
Грозненский государственный нефтяной технический университет имени академика М. Д. Миллионщикова

Донской государственный технический университет
Комсомольский-на-Амуре государственный университет
Сибирский государственный университет науки и технологий имени академика М. Ф. Решетнёва
Тюменский индустриальный университет

Университеты-члены АТУРК с китайской стороны
Харбинский политехнический университет
(учредитель АТУРК, постоянная дирекция АТУРК с китайской стороны)

В алфавитном порядке транскрипции пиньин:
Аомэньский университет
Пекинский аэрокосмический университет
Пекинский университет науки и техники
Пекинский политехнический институт
Чунцинский университет
Даляньский технологический университет
Юго-Восточный университет
Харбинский инженерный университет
Южно-Китайский технологический университет
Хуачжунский университет науки и технологии
Цзилиньский университет
Нанкинский аэрокосмический университет
Нанкинский политехнический университет
Шаньдунский университет
Шанхайский университет транспорта
Тяньцзиньский университет
Университет Тунцзи
Сианьский университет Цзяотун
Северо-Западный политехнический университет
Городской университет Гонконга
Гонконгский университет науки и технологий
Гонконгский политехнический университет
Чжэцзянский университет
Китайский нефтяной университет

Университеты-наблюдатели АТУРК с китайской стороны
Чанчуньский политехнический университет
Хэйхэский университет
Тайюаньский технологический университет
Тяньцзиньский технологический университет
Сианьский нефтяной университет
Китайский университет нефти (Пекин)

目　录

СОДЕРЖАНИЕ

No.1 哈尔滨工业大学

Харбинский политехнический университет

作　　者：孙秋婷

作品说明：璀璨宇宙，百年工大，伫立传承，星火不熄。

选送学校：哈尔滨工业大学

Небосвод

Автор: Сунь Цютин

Описание работы: Под светом нескончаемой вселенной продолжает жить и расти наш вековой университет.

Университет: Харбинский политехнический университет

他处忆母校

作　　者：柏玮婕
作品说明：作者交换学习期间，以西大直街上朦胧的校影入画，表达对母校的思念和祝愿。
选送学校：哈尔滨工业大学

Вспоминая родной университет

Автор: Бай Вэйцзе
Описание работы: Во время обучения по обмену, автор изобразил на картине тусклую тень от университета, падающую на улицу Сидачжицзе, выражая тоску и пожелания родному университету.
Университет: Харбинский политехнический университет

工大星承祖国七十载光辉

作　　者：蒋宜芳

作品说明：基于哈工大星的形体，最内层为新中国成立 70 周年的数字，加入了集成电路的线条和我国高铁的形象，其余层用漫画的形式汇集了哈工大的特色：校训、机器人、主楼、书籍和实验器材。再外层环绕着哈尔滨的地域特点：雪花、雪人，再加上祥云、夜空以及星际，与最外层的火箭呼应。用红色飘带与齿轮控制形体并引导了观看画作的方向与顺序。整体表现了鲜明的时代特色和哈工大注重科技强国、爱国奋斗的整体氛围。

选送学校：哈尔滨工业大学

Астероид «ХПУ» принимает 70-летие славы Родины

Автор: Цзян Ифан

Описание работы: Основываясь на форме астероида «ХПУ», самый внутренний пояс посвящен 70-летию основания Родины, с добавлением образов линий интегральных микросхем и высокоскоростной железной дороги нашей страны, другие пояса объединили особенности ХПУ в виде зарисовок: университетский девиз, роботы, главный корпус университета, книги и лабораторные материалы. Внешний пояс охватывает территориальные особенности Харбина: хлопья снега, снеговики, благовещие облака, ночное небо, а также межпланетные звезды, отражающие самую дальнюю ракету. Красные ленты и шестерни управляют формами и определяют направление и порядок просмотра картин. В целом, это показывает отличительные черты эпохи и общую атмосферу направления Харбинского политехнического университета на укреплении страны с содействием науки, техники и патриотической борьбы.

Университет: Харбинский политехнический университет

百年华章——重回1920

作　　者：刘禹彤

作品说明：本作品中的建筑是1920年建校时的哈尔滨工业大学，参考老照片完成绘制。哈尔滨工业大学历史悠久，1920年5月哈尔滨中俄工业学校开始筹建。学校的创建，与俄国在中国建设中东铁路有直接关系，建校的宗旨是为中东铁路培养工程技术人才，学校按俄国的教育模式办学。1920年10月17日，学校举行开学典礼，此次绘制的正是当年学校的风姿。此作品形式为钢笔画。

选送学校：哈尔滨工业大学

Столетие блистательной работы — Обратно в 1920

Автор: Лю Юйтун

Описание работы: Здание представленное в этой работе было построено в 1920 году — Харбинский политехнический университет в годы основания университета. Штрихи были выполнены посредством старых фотографий. ХПУ имеет долгую историю, в мае 1920 года началась подготовка к строительству Харбинского китайско-российского политехникума. Создание университета имело прямое отношение к строительству китайско-восточной железной дороги (КВЖД). Основной целью основания университета стала подготовка инженеров и технических персоналов для КВЖД, в котором была введена соответствующая с российской форма обучения. 17 октября 1920 года в университете состоялась церемония открытия, которая в свое время «нарисовала облик» ХПУ. Метод работы — рисунок пером.

Университет: Харбинский политехнический университет

一校三区　百年工大

作　　者：张天宇

作品说明：首先，旗上文字表明本作品是为哈工大百年校庆而作。将三个校区标志性建筑放在一起，并用丝带相连，意为虽然距离遥远但是三个校区紧密相连。前面一群拿着书本和教学工具的人代表着值得所有哈工大人学习的"八百壮士"，在哈工大一校三区携手并进，共同发展。如今，我们不能忘记这些"壮士"，更要用他们的精神来激励我们，创造更美好的未来。"神舟"系列航天飞船和"东方红一号"卫星则代表着哈工大为祖国的航天事业做出的不可磨灭的贡献；老师手中的丁字尺、建筑书籍等代表哈工大在土建方面的历史和贡献；丝带上的机器人代表着哈工大在机械和自动化方面的突出成就。

选送学校：哈尔滨工业大学

Один университет — три кампуса, столетний ХПУ

Автор: Чжан Тяньюй

Описание работы: Прежде всего, надпись на флаге показывает, что эта работа посвящена 100 - летней годовщине ХПУ. Поставленные вместе три кампуса — символические сооружения, которые соединены шелковой лентой означают, что три кампуса тесно связаны, несмотря на их расстояние. Группа людей, державших в руках книги и учебные пособия представляют собой «восемьсот героев», которых стоит изучать всем работникам и студентам ХПУ. Три кампуса ХПУ совместно развиваясь идут вперед рука об руку. Сегодня мы не должны забывать этих «героев», а перенять их настрой и дух, чтобы вдохновиться и создавать лучшее будущее. Серия космических аппаратов «Шэньчжоу» и спутники «Dongfanghong-1» представляют собой неизгладимый вклад Харбинского политехнического университета в космическое дело Родины. Тавровый угольник и книги об архитектуре в руках учителей представляют историю и вклад ХПУ в гражданское строительство, а робот на шелковой ленте представляет выдающиеся достижения ХПУ в области механики и автоматизации.

Университет: Харбинский политехнический университет

百年星辰

作　　者：王查理

作品说明：本作品以黑白装饰画作为表现手法，以哈工大百年起点建筑、哈尔滨主校区、威海校区和深圳校区建筑为元素组织画面，以圆作为星球的意向，表达出哈工大为祖国的星际探索做出的贡献，以建筑人的视角表现百年工大的发展历程。

选送学校：哈尔滨工业大学

Столетняя звезда

Автор: Ван Чали

Описание работы: В этой работе как способ выражения используется черно-белая декоративная живопись, а в качестве элементов использованы вековое здание ХПУ, главный кампус в Харбине, кампус в Вейхай и кампус в Шэньчжэне. Формы изображения, круги символизирующие звезды, выражают вклад ХПУ в космические исследования, что с точки зрения архитектора показывает вековой ход развития университета.

Университет: Харбинский политехнический университет

机器人的强国梦

作　　者：王佳勒

作品说明：为了体现新中国 70 年光阴中哈工大的辉煌贡献，本作品特意选择了哈工大在机器人、航空航天、材料等领域的突出贡献进行绘制。图中的机器人代表着千万哈工大人在为国奉献过程中的钢铁意志和无限激情。希望能通过此作表达对祖国的美好祝愿、对哈工大人科研精神的敬仰和作者浓浓的爱国主义情怀。

选送学校：哈尔滨工业大学

Мечты робота о великой державе

Автор: Ван Цзялэ

Описание работы: Чтобы отразить великолепный вклад ХПУ в 70-летие образования КНР, в этой работе специально были выбраны его выдающиеся вклады в области робототехники, аэрокосмической промышленности, материалов и т.д. Робот на изображении представляет стальную волю и бесконечный энтузиазм работников, студентов ХПУ в их преданности стране. Надеюсь, что благодаря этой работе я смогу выразить свои наилучшие пожелания к родине, уважение к духу научных исследований Харбинского политехнического университета и чувство патриотизма.

Университет: Харбинский политехнический университет

筑百年名校　谱世纪华章

作　　者：邢哲琦

作品说明：本作品描绘了一幅初秋哈工大土木楼的盛景，以土木楼百年屹立不倒的形态展现哈工大百年盛况。土木楼历经风雨数十载，培育了无数为国家效力的建筑人，土木楼精神也是哈工大精神。这里手绘一幅土木楼剪影以表敬意和祝贺。

选送学校：哈尔滨工业大学

Создание столетнсго престижного вуза — произведение века

Автор: Син Чжэци

Описание работы: Эта работа изображает прекрасный пейзаж корпуса Строительства ХПУ ранней осенью. Он стоит уже более века, показывая столетнее великолепие университета. В корпусе Строительства сквозь десятилетние ветра и дожди, воспитывались бесчисленное количество архитекторов, которые служат стране. Дух гражданского строительства также является духом ХПУ. Это полотно с изображением корпуса Строительства выполнено от руки в дань уважения и благодарности.

Университет: Харбинский политехнический университет

归　巢

作　　者：闫玉梁

作品说明：以一只天空中飞翔而归的夜莺的视角，描绘出如“巢”一般的哈工大。寓意着不管飞得多远，哈工大的万千学子都会拥有“归巢”一般的心情，深深眷恋着这个永远的家。正逢母校百年校庆，也会有天南海北的夜莺归巢，共庆母校百年芳华。

选送学校：哈尔滨工业大学

Возвращение в гнездо

Автор: Янь Юйлян

Описание работы: Соловей кружась в небе возвращается в свое гнездо — ХПУ. Подразумевается, что независимо от того, как далеко они улетят, тысячи студентов ХПУ будут иметь общий настрой «возвращения домой» и крепко любить этот «вечный» родной дом. Поскольку родной университет празднует свое столетие, «соловьи» со всех концов мира также вернутся домой, чтобы отпраздновать столетнее процветание.

Университет: Харбинский политехнический университет

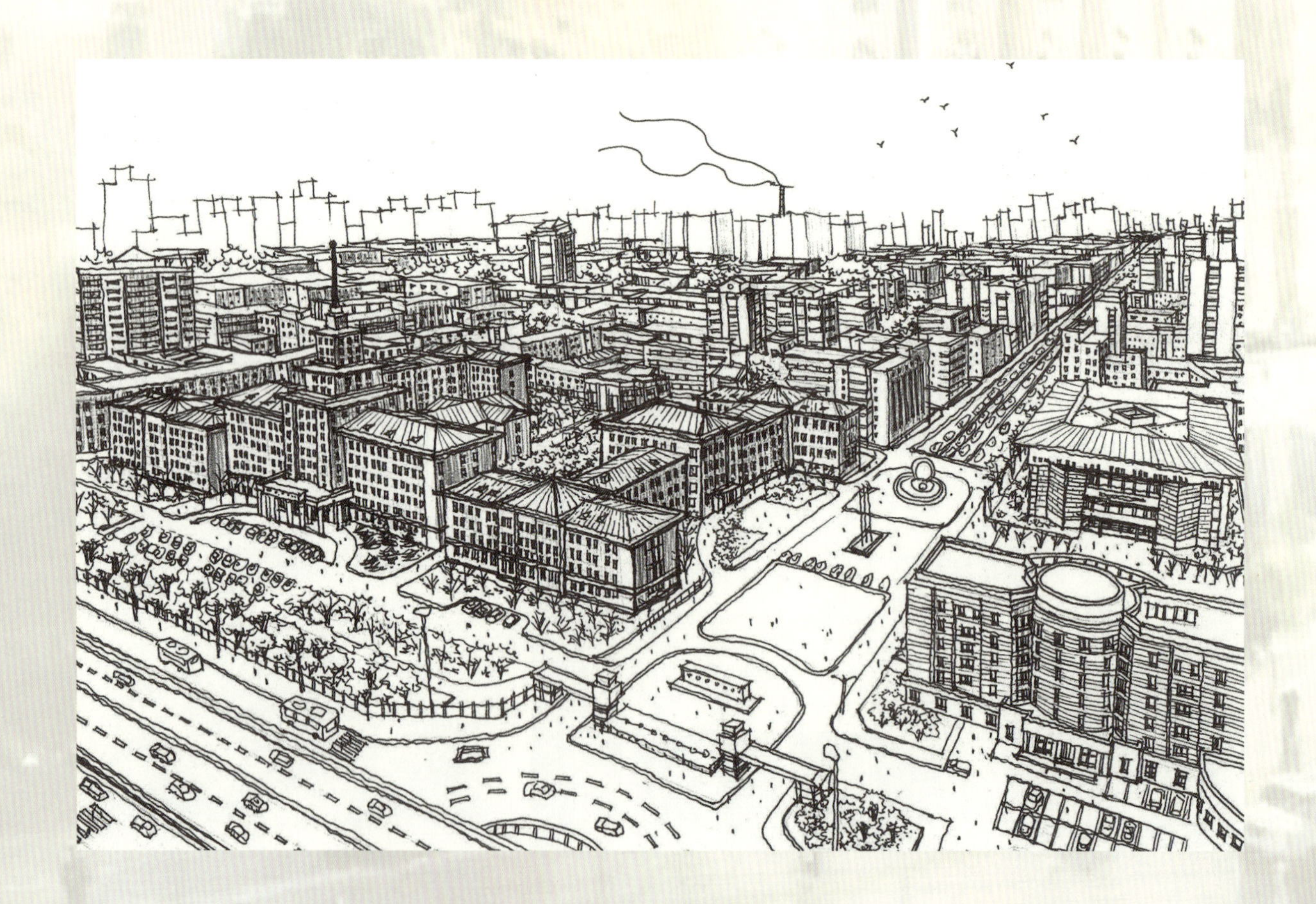

夕阳下的土木楼

作　　者：郑一鸣

作品说明：作品以半鸟瞰的视角展现了夕阳西下时土木楼的场景。

选送学校：哈尔滨工业大学

Корпус Строительства под закатом

Автор: Чжэн Имин

Описание работы: В этой работе показана сцена с корпусом Строительства, когда закат спускается с высоты птичьего полета.

Университет: Харбинский политехнический университет

电机楼一角

作　　者：郑一鸣
作品说明：作品展现了哈工大电机楼入口处的场景。
选送学校：哈尔滨工业大学

Местечко корпуса Электроники

Автор: Чжэн Имин
Описание: Работа показывает сцену у входа в корпус Электроники ХПУ.
Университет: Харбинский политехнический университет

共建中俄友谊

作　　者：郑一鸣

作品说明：作品体现哈工大对俄合作优势，积极推进中俄两国高等教育交流与合作，表达中俄合作友谊。

图为中俄工科大学联盟中方常设主席、哈尔滨工业大学校长周玉（左一）与中俄工科大学联盟俄方执行长、莫斯科鲍曼国立技术大学副校长 C.B. 科尔舒诺夫（右一）。

选送学校：哈尔滨工业大学

Совместное строительство российско-китайской дружбы

Автор: Чжэн Имин

Описание работы: Работа отражает превосходство Харбинского политехнического университета в сотрудничестве с Россией, активно содействующий обменам в сфере высшего образования и сотрудничеству между Китаем и Россией, а также отражает китайско-российское сотрудничество и дружбу.

На картине изображены исполнительный директор АТУРК с российской стороны, проректор Московского госуданственного технического университета имени Н.Э. Баумана С.В. Коршунов (справа) и сопредседатель АТУРК с китайской стороны, ректор Харбинского политехнического университета Чжоу Юй (слева).

Университет: Харбинский политехнический университет

鸟瞰哈工大

作　　者：郑一鸣

作品说明：作品展现了从主楼上空鸟瞰哈工大的场景。

选送学校：哈尔滨工业大学

Харбинский политехнический университет с птичьего полета

Автор: Чжэн Имин

Описание работы: В работе показан вид сверху главного корпуса Харбинского политехнического университета с высоты птичьего полета.

Университет: Харбинский политехнический университет

校园一景

作　　者：郑一鸣
作品说明：作品展现了站在明德楼前望向哈工大主楼的校园场景。
选送学校：哈尔滨工业大学

Пейзаж университетского городка

Автор: Чжэн Имин

Описание работы: Работа показывает пейзаж университетского городка от корпуса Миндэ до главного корпуса Харбинского политехнического университета.

Университет: Харбинский политехнический университет

雨中明德楼

作　　者：郑一鸣

作品说明：作品展现了下雨时从西大直街望向明德楼的场景。

选送学校：哈尔滨工业大学

Корпус Миндэ под дождем

Автор: Чжэн Имин

Описание работы: Работа показывает обзор на корпус Миндэ с улицы Сидаджи во время дождя.

Университет: Харбинский политехнический университет

土木楼速写记忆

作　　者：胡文轩

作品说明：时逢哈工大百年校庆，通过简单黑白速写的表达方式记录下建筑学院具有折中主义风格的土木楼前门风光，表达出对哈工大、对建筑学院最质朴的热爱。

选送学校：哈尔滨工业大学

Памятные зарисовки корпуса Строительства

Автор: Ху Вэньсюань

Описание работы: На 100-летний юбилей Харбинского политехнического университета был сделан простой черно-белый набросок главного входа корпуса Строительства в эклектичном стиле, выражающий самую бескорыстную любовь к ХПУ и институту Архитектуры.

Университет: Харбинский политехнический университет

壮思飞揽日月——绘哈工大百年华章

作　　者：王怡晨

作品说明：整幅画用彩铅和马克笔完成，用具有哈工大特色的元素将中国与世界相连，意味着祖国母亲用双手托起哈工大的发展，而哈工大用自己的成就为祖国带来举世瞩目的荣耀。其中画面底部采用校徽底座 HIT 字样来代表哈尔滨工业大学，画面中间由哈工大星、二校区红色球形雕塑、一校区主楼和土木楼组成，用建筑和雕塑象征着哈工大百年来的发展历程。画面上部是火箭和卫星，体现了哈工大立足航天和服务国防的鲜明特色。

选送学校：哈尔滨工业大学

Великие идеи до солнца и луны — зарисовка блестящей вековой работы ХПУ

Автор: Ван Ичэнь

Описание работы: Вся картина выполнена цветными карандашами и маркерами, использованы элементы характерные ХПУ, соединяющие Китай с остальным миром, что означает огромную поддержку родины в развитии университета, а ХПУ собственными достижениями приносит Родине блестящую славу. В нижней части рисунка используется знак учебного заведения «HIT», что обозначает Харбинский политехнический университет, в середине — астероид «ХПУ», красная сферическая скульптура второго кампуса, главный корпус и корпус Строительства первого кампуса, архитектура и скульптура символизируют 100-летнюю историю развития Харбинского политехнического университета. В верхней части картины — ракета и спутник, отражающие яркие особенности Харбинского политехнического университета в основании космонавтики и национальной службы обороны.

Университет: Харбинский политехнический университет

与祖国共成长

作　　者：蔡杰鹏

作品说明：本幅作品原型是一张老照片，记录了100年前哈工大人建设校园的激情，让我不禁联想到一代代哈工大人的艰苦奋斗，为祖国的建设前赴后继，添砖加瓦。哈工大建校100周年，见证了新中国70多年来波澜壮阔的历史进程。虽然我们这一代不是共和国的同龄人，祖国的过去我们无法参与，但是祖国的未来我们一定倾心相伴。我们与祖国一路同行！

选送学校：哈尔滨工业大学

Расти вместе с Родиной

Автор: Цай Цзепэн

Описание работы: Прототипом этого произведения является старая фотография, на которой запечатлен энтузиазм строителей университета 100 лет назад, которая напоминает мне об упорном труде коллектива Харбинского политехического университета из поколения в поколение, которые один за другим внесли свой вклад в строительство родины. 100-летие создания ХПУ стало свидетелем великолепного исторического процесса Родины за последние 70 лет, и хотя, наше поколение не является «сверстником» республики, и мы не можем участвовать в прошлом Родины, но мы должны сопровождать будущее Родины. Шагаем вместе с Родиной!

Университет: Харбинский политехнический университет

哈尔滨"印象"

作　　者：王查理

作品说明：东西方文化交融而生的优雅风景，车流不息的城市交通，络绎不绝的来往人群，无不彰显着这座城市的盎然生机，这就是优美、繁华、蓬勃发展的东方小巴黎——哈尔滨。

选送学校：哈尔滨工业大学

Харбинские впечатления

Автор: Ван Чали

Описание работы: Необычные пейзажи, созданные слиянием восточной и западной культур, непрерывным потоком городского транспорта и постоянным движением людей, подчеркивают жизненную силу этого города. Красивый, процветающий и бурно развивающийся маленький восточный Париж — Харбин.

Университет: Харбинский политехнический университет

哈尔滨教堂系列

作　　者：蔺兵娜

作品说明：离别的烟雨洗刷着世纪的风尘，古老的教堂镌刻着神秘的祈愿。哈尔滨市作为文化交融之地，有着各种教堂。这些教堂跨越时代，风格各异。拜占庭式的浪漫恢宏，哥特式的半醉雍容，巴洛克时期的绰约灵动。兼容共处，各展风姿，诉说着风里雨里的文脉诗情。

选送学校：哈尔滨工业大学

Харбинские храмы

Автор: Линь Бинна

Описание работы: Дымный дождь смывает вековую пыль, старый храм сотворяет таинственные молитвы. Харбин как место культурного слияния, собрал храмы разных религий, которые охватывают разные эпохи и имеют разные стили. Бесконечная романтика византийской манеры, готическая грация, изящество эпохи барокко сочетаются вместе, демонстрируя свой стиль и повествуют нелегкий сюжет настроения.

Университет: Харбинский политехнический университет

大杂院

作　　者：孙馨宇

作品说明：哈尔滨的大杂院不若江南市井的烟柳画桥，风帘翠幕。不似北京四合院般的鳞次栉比，传统古朴。但它以简约的风格诉说着哈尔滨市井的繁华，以独特的风韵表达着中西合璧的交融，这是属于哈尔滨人的文化记忆，如同一个个凝固的历史符号，在平凡中给人无限遐思。

选送学校：哈尔滨工业大学

Двор с хибарками

Автор: Сунь Синьюй

Описание работы: Харбинский двор с хибарками уступает красоте пейзажа и изящным жилищам улиц Цзяннань, не выглядит как, подобно ровно выстроенным в шеренгу с традиционной атмосферой, пекинский сыхэюань, но простота этих дворов повествует о процветании города Харбин и с уникальным шармом выражает слияние восточно-западной культуры. Это культурная память, принадлежащая народу Харбина, как надежный исторический символ, дающий людям погрузиться в бесконечные воспоминания.

Университет: Харбинский политехнический университет

哈尔滨的"年"

作　　者：王查理

作品说明：共庆新年笑语哗，哈尔滨的年永远都是充满着欢声笑语，热闹非凡。商场中，抢购者争先恐后，售货人应接不暇，画面里的众生相不仅仅是热闹，细细品来更是发自内心的喜悦与从容，或许只有等时间定格在这一瞬，我们才能更清楚地感受到那热闹中的平静，喧嚣中的诗意。

选送学校：哈尔滨工业大学

Харбинский «Новый год»

Автор: Ван Чали

Описание работы: Все празднуют Новый год, харбинский Новый год всегда полон смеха и веселья. В торговые ряды спешат покупатели, боясь опоздать, а продавцы суетятся, не успевая всем помочь. Люди в картине не только оживленные, но радостные и непринужденные. И только в этот миг, остановив время, можно почувствовать тишину в суете и поэзию в шуме людей.

Университет: Харбинский политехнический университет

无　　题

作　　者：郑一鸣

作品说明：直曲线条勾勒出教堂的恢弘气势，黑白色彩渲染出教堂的高雅美感，我们仿佛看得见这两所教堂的年轮。林动风止，动静交融。人面桃花，爱恨交织。矗立于庄严肃穆的教堂之下，浅淡的时光慢慢流淌，无风有风，无情有情，无题有题。

选送学校：哈尔滨工业大学

Без заглавия

Автор: Чжэн Имин

Описание работы: Прямые линии обрисовывают величие церкви, а черно-белые цвета передают ее изящную красоту, будто, мы можем увидеть «годовые кольца» этих двух церквей. Движение сменятся покоем, сплетаются вместе чувства любви и ненависти. Под величественной церковью, время течет медленно, ветер меняется безветрием, безжалостность — чувствительностью, без заглавия — сюжетом.

Университет: Харбинский политехнический университет

No.2 莫斯科鲍曼国立技术大学

Московский государственный технический университет имени Н.Э. Баумана

城市建筑对比

作　　者：瓦莲金娜·阿勒拉娅罗娃

作品说明：鲍曼二道街上的巴尔金中央黑色冶金科学研究所和住宅楼。

选送学校：莫斯科鲍曼国立技术大学

Контраст городских построек

Автор: Валентина Аллаярова

Описание работы: Изображены ЦНИИчермет им. И.П. Бардина и жилой дом, расположенные на 2-й Бауманской улице.

Университет: Московский государственный технический университет имени Н.Э. Баумана

莫斯科鲍曼国立技术大学主楼局部图

作　　者：瓦莲金娜·阿勒拉娅罗娃
作品说明：学校主楼正门——列福尔托沃沿岸街即景。
选送学校：莫斯科鲍曼国立技术大学

Фрагмент Главного учебного корпуса МГТУ им. Н.Э. Баумана

Автор: Валентина Аллаярова

Описание работы: Изображен портал входа в Главный учебный корпус университета со стороны Лефортовской набережной.

Университет: Московский государственный технический университет имени Н.Э. Баумана

莫斯科鲍曼国立技术大学主楼正视图

作　　者：Д.Д. 布洛欣娜
作品说明：莫斯科鲍曼国立技术大学主楼正视图——列福尔托沃沿岸街即景。
选送学校：莫斯科鲍曼国立技术大学

Фасад Главного учебного корпуса МГТУ им. Н.Э. Баумана

Автор: Д.Д. Блохина
Описание работы: Изображен фасад Главного учебного корпуса МГТУ им. Н.Э. Баумана со стороны Лефортовской набережной.
Университет: Московский государственный технический университет имени Н.Э. Баумана

莫斯科鲍曼国立技术大学斯洛博茨科伊宫正面的乔瓦尼·维塔利檐上雕塑群

作　　者：B.A. 弗罗洛娃

作品说明：莫斯科鲍曼国立技术大学斯洛博茨科伊宫正面的檐上雕塑群是雕塑师乔瓦尼·维塔利的作品，于 1830 年建成。雕塑群的中心是古罗马智慧与战争女神弥涅尔瓦，她是工匠、教师和学生的守护神。

选送学校：莫斯科鲍曼国立技术大学

Аттик Джованни Витали на фасаде Слободского дворца МГТУ им. Н.Э. Баумана

Автор: В.А. Фролова

Описание работы: Изображен аттик скульптора Джованни Витали на фасаде Слободского дворца МГТУ им. Н.Э. Баумана. Установлен в 1830 году. В центре скульптурной группы расположена древнеримская богиня мудрости и войны Минерва — покровительница ремесленников, учителей и учащихся.

Университет: Московский государственный технический университет имени Н.Э. Баумана

拉多加街

作　　者：A.A. 杜任斯卡娅
作品说明：鲍曼地铁站附近的拉多加街。
选送学校：莫斯科鲍曼国立技术大学

Ладожская улица

Автор: А.А. Дужинская
Описание работы: Изображена Ладожская улица в районе станции метро Бауманская.
Университет: Московский государственный технический университет имени Н.Э. Баумана

维亚切斯拉夫·瓦列耶夫和鲁超的画像

作　　者：Л.Е. 列别杰娃

作品说明：指挥家维亚切斯拉夫·瓦列耶夫（右一）和钢琴独奏家鲁超（左一）在中俄建交 70 周年音乐会上的画像。

选送学校：莫斯科鲍曼国立技术大学

Портрет Вячеслава Валеева и Лу Чао

Автор: Л.Е. Лебедева

Описание работы: Изображены дирижёр Вячеслав Валеев (человек справа) и солист фортепиано Лу Чао (человек слева) на концерте к 70-летию установления дипломатических отношений между Россией и Китаем.

Университет: Московский государственный технический университет имени Н.Э. Баумана

莫斯科鲍曼国立技术大学主楼正面雕像群——沿岸街即景

作　　者：B.A. 姆纳察卡尼扬

作品说明：莫斯科鲍曼国立技术大学主楼正门上方的雕塑群局部图——亚乌扎河畔列福尔托沃沿岸街即景。

选送学校：莫斯科鲍曼国立技术大学

Скульптуры на фасаде Главного учебного корпуса МГТУ им. Н.Э. Баумана со стороны набережной

Автор: В.А. Мнацаканян

Описание работы: Изображен фрагмент фасада Главного учебного корпуса МГТУ им. Н.Э. Баумана со скульптурами над входом со стороны Лефортовской набережной реки Яуза.

Университет: Московский государственный технический университет имени Н.Э. Баумана

皇村亚历山大公园的中国凉亭

作　　者：E.O. 沙季洛娃

作品说明：在圣彼得堡皇村亚历山大公园人工河道上的十字状中式凉亭。

选送学校：莫斯科鲍曼国立技术大学

Китайская беседка в Александровском саду, Царское село

Автор: Е.О. Шатилова

Описание работы: Изображена крестообразная Китайская беседка над каналом в Александровском саду, Царское село, г. Санкт-Петербург.

Университет: Московский государственный технический университет имени Н.Э. Баумана

莫斯科鲍曼国立技术大学主楼外景

作　　者：M.M. 皮西缅娜娅

作品说明：莫斯科鲍曼国立技术大学主楼外景——亚乌扎河畔列福尔托沃沿岸街即景。

选送学校：莫斯科鲍曼国立技术大学

Вид на Главный учебный корпус МГТУ им. Н.Э. Баумана

Автор: М.М. Письменная

Описание работы: Изображен вид на Главный учебный корпус МГТУ им. Н.Э. Баумана со стороны Лефортовской набережной реки Яуза.

Университет: Московский государственный технический университет имени Н.Э. Баумана

莫斯科鲍曼国立技术大学校园内的凉亭

作　　者：M.M. 乌汉诺娃

作品说明：莫斯科鲍曼国立技术大学校园内的鹈鹕圆亭——鲍曼二道街即景。

选送学校：莫斯科鲍曼国立技术大学

Беседка во дворе МГТУ им. Н.Э. Баумана

Автор: М.М. Уханова

Описание работы: Изображена ротонда Пеликан, расположенная во дворе МГТУ им. Н.Э. Баумана со стороны ул. 2-я Бауманская. Архитектор А.Н. Бурганов.

Университет: Московский государственный технический университет имени Н.Э. Баумана

列福尔托沃公园的拉斯特雷利石窟

作　　者：M.M. 皮西缅娜娅

作品说明：在莫斯科列福尔托沃公园十字池塘边的石窟是建筑师 Ф.Б. 拉斯特雷利的作品，用砖头和带有浮雕装饰的白色石柱砌成。

选送学校：莫斯科鲍曼国立技术大学

Грот Растрелли в Лефортовском парке

Автор: М.М. Письменная

Описание работы: Изображен грот в Лефортовском парке возле Крестового пруда в Москве. Построен архитектором Франческо Бартоломео Растрелли из кирпича с белокаменными колоннами, покрытыми резными украшениями.

Университет: Московский государственный технический университет имени Н.Э. Баумана

莫斯科鲍曼国立技术大学主楼的内部装饰

作　　者：M.B. 杰姆诺娃

作品说明：莫斯科鲍曼国立技术大学主楼二楼走廊的内部装饰。

选送学校：莫斯科鲍曼国立技术大学

Интерьер Главного учебного корпуса МГТУ им. Н.Э. Баумана

Автор: М.В. Темнова

Описание работы: Изображен интерьер коридора на втором этаже Главного учебного корпуса МГТУ им. Н.Э. Баумана.

Университет: Московский государственный технический университет имени Н.Э. Баумана

圆形大建筑

作　　者：M.Я. 瓦里科维亚克

作品说明：斯洛博茨科伊宫爱奥尼亚柱式圆形建筑是建筑师多缅尼克·日利亚尔基的作品。

选送学校：莫斯科鲍曼国立技术大学

Ротонда

Автор: М.Я. Вальковяк

Описание работы: Изображена ротонда Слободского дворца с колоннами ионического ордера. Архитектор Доменик Жилярди.

Университет: Московский государственный технический университет имени Н.Э. Баумана

在鲍曼二道街上的莫斯科鲍曼国立技术大学围墙护栏和主楼正面局部图

作　　者：M.Я. 瓦里科维亚克

作品说明：在鲍曼二道街上的莫斯科鲍曼国立技术大学围墙护栏和斯洛博茨科伊宫正面局部图。

选送学校：莫斯科鲍曼国立技术大学

Фрагмент ограды МГТУ им. Н.Э. Баумана по 2-й Бауманской улице

Автор: М.Я. Вальковяк

Описание работы: Изображен фрагмент ограды и часть фасада Слободского дворца МГТУ им. Н.Э. Баумана по 2-й Бауманской улице.

Университет: Московский государственный технический университет имени Н.Э. Баумана

鲍曼地铁站

作　　者：М.Я. 瓦里科维亚克
作品说明：莫斯科地铁鲍曼站内部装饰局部图。
选送学校：莫斯科鲍曼国立技术大学

Станция метро Бауманская

Автор: М.Я. Вальковяк
Описание работы: Изображен фрагмент интерьера станции метро Бауманская Московского метрополитена.
Университет: Московский государственный технический университет имени Н.Э. Баумана

西安唐华清宫

作　　者：C.Л. 车尔尼舍夫

作品说明：华清池曾是唐玄宗和杨贵妃在冬季的游乐之所。这是一个大型的宫殿式园林建筑群，园内建有 60 个浴室以及许多亭台楼阁和花园水榭，它们都有浪漫的名字，如龙吟榭、飞霜殿等等。华清池也称“华清宫”。早在三千年前，它已成为天子的游幸之地，但只是在唐玄宗执政时期才得以兴盛。华清宫相传是唐玄宗为爱妃杨玉环所建。

如今，华清池温泉是著名的矿泉疗养胜地，位于西安东约 30 公里的骊山脚下。每年都会有数十万当地居民和外地游客前来参观游览。

选送学校：莫斯科鲍曼国立技术大学

Дворцовый комплекс Хуациньчи императора Тан Сюань-цзун близ Сианя

Автор: С.Л. Чернышев

Описание работы: Горячие источники Хуациньчи были любимым местом императора и его наложницы, где они проводили все зимы. Это огромный дворцово-парковый комплекс с 60 купальнями, павильонами с такими романтическими названиями, как Шепчущий Дракон, Порхающий Иней, садами и беседками. Сам дворец назывался Дворцом Славной Чистоты. Место было открыто еще 3 тыс. лет назад, но широкую известность получило лишь в правление Тан Сюань-цзуна (император династии Тан), который обустроил комплекс для любимой Ян Гуйфэй (Танская наложница).

Сегодня термальные источники Хуацинчи являются популярным бальнеологическим курортом Китая. Находится он в 30 км. к северо-востоку от Сианя у подножия горы Лишань. Ежегодно его посещают сотни тысяч местных жителей и туристов.

Университет: Московский государственный технический университет имени Н.Э. Баумана

牛滩街春景

作　　者：С.Л. 车尔尼舍夫

作品说明：莫斯科鲍曼国立技术大学的历史建筑（斯洛博茨科伊宫）——鲍曼二道街（原名“牛滩街”）即景。

选送学校：莫斯科鲍曼国立技术大学

Весна на улице Коровий брод

Автор: С.Л. Чернышев

Описание работы: На картине изображено историческое здание МГТУ им. Н.Э. Баумана — Слободской дворец. Вид со стороны 2-й Бауманской улицы. Раньше 2-я Бауманская улица называлась Коровий брод.

Университет: Московский государственный технический университет имени Н.Э. Баумана

亚历山大花园一角

作　　者：Т.И. 玛斯洛娃

作品说明：亚历山大花园位于莫斯科克里姆林宫西墙外，该花园建于1819年—1823年，以纪念1812年卫国战争的胜利，当时被命名为克里姆林花园。1856年亚历山大二世加冕后，更名为亚历山大花园。画面背景是15世纪90年代建造的克里姆林宫军械库塔楼。1851年以前这座塔楼一直称为科纽申纳亚塔楼。在军械库塔楼后面，克里姆林宫墙内可以看到国家军械库的顶层，这座俄罗斯 - 拜占庭风格的建筑是建筑师K.A. 托恩于1851年设计建造的。这个最古老的博物馆主要收藏俄罗斯国内和国外最好的实用装饰艺术品，这些作品与莫斯科克里姆林宫和整个俄罗斯国家的历史息息相关。

选送学校：莫斯科鲍曼国立技术大学

В Александровском саду

Автор: Т.И. Маслова

Описание работы: На картине изображен Александровский сад, расположенный вдоль западной стены Московского Кремля. Сад был создан в 1819 — 1823 годах в честь победы в Отечественной войне 1812 года и назывался Кремлевским, а после коронации Александра II в 1856 году переименован в Александровский. На заднем фоне видна Оружейная башня Кремля, построенная в 1490-х годах. До 1851 года эта башня называлась Конюшенной. За Оружейной башней Кремлевской стены на рисунке виден верхний этаж здания Государственной Оружейной палаты, построенного в 1851 году в русско-византийском стиле по проекту архитектора К.А. Тона. В этом старейшем музее сосредоточены лучшие произведения русского и зарубежного декоративно-прикладного искусства, связанные с историей Московского Кремля и всего Российского государства.

Университет: Московский государственный технический университет имени Н.Э. Баумана

斯洛博茨科伊宫
（莫斯科鲍曼国立技术大学历史建筑）

作　　者：Т.И. 玛斯洛娃
作品说明：作者附记——我在画斯洛博茨科伊宫时，一首诗歌涌入我的脑海。（当时是 7 月份一天的早上 7:30，四周万籁俱寂，空无一人。过了一个小时，便有几个鲍曼学生、老师以及报考鲍曼大学的中学毕业生向宫殿走去。他们也出现在我的建筑风景画里。）

门口墙上的两头“狮子”和“门房”，
还有青铜铸造的“鹈鹕”都在假寐。
喷泉无意中打破了寂静，
水花四溅，银光闪闪。
阳光尚未照射到屋顶，
但黎明即将过去。
周围一片寂静！只听到树叶在窃窃私语：
“醒来吧，斯洛博茨科伊宫！”

斯洛博茨科伊宫是俄罗斯联邦文化遗产。它的第一栋楼建于 1749 年，当时是总理大臣别斯图热夫 - 留明修建的莫斯科官邸。1812 年的火灾后，在 А.Г. 格里高里耶夫的支持下斯洛博茨科伊宫被建筑师多缅尼克·日利亚尔基改建成帝国风格建筑。1826 年这栋楼曾是兼有手工作坊的男孤儿院。楼体中央正面的楼顶装饰墙是雕塑家乔瓦尼·维塔利创作的人物形象众多的“弥涅尔瓦”雕塑群。女神象征着科学成就和工匠的技艺。
选送学校：莫斯科鲍曼国立技术大学

Слободской дворец (историческое здание МГТУ им. Н.Э. Баумана)

Автор: Т.И. Маслова
Описание работы: Сопроводительный текст автора:
Стихи, которые появились, когда я рисовала Слободской дворец (это было раннее июльское утро 2012 года, в 7:30. …Никого вокруг, только я и тишина. Через час появились студенты, абитуриенты, преподаватели. В моем архитектурном пейзаже они появились тоже):

Еще дремлют «Львы» и «Проходная»,
И отлитый в бронзе «Пеликан».
Тишину невольно нарушая,
Серебрясь, играет брызгами фонтан.
Солнца луч еще не тронул крыши,
Но рассвета близится конец.
Тихо как! Лишь шепот листьев слышу:
«Просыпайся, Слободской дворец!»

На рисунке изображен Слободской дворец, являющийся объектом культурного наследия РФ. Первое строение здесь появилось в 1749 году, когда канцлер Бестужев-Рюмин построил свой московский дом. После пожара 1812 года Слободской дворец был реконструирован архитектором Доменико Жилярди в стиле ампир при поддержке А.Г. Григорьева. В 1826 году в этом здании располагался Воспитательный дом с ремесленными мастерскими для мальчиков-сирот. На аттике центрального фасада здания располагается многофигурная скульптурная композиция «Минерва», автором которой является скульптор Джованни Витали. Она символизирует достижения науки и практические умения ремесленника.
Университет: Московский государственный технический университет имени Н.Э. Баумана

No.3 北京科技大学

Пекинский университет науки и техники

金秋科大

作　　者：陈嵩

作品说明：本作品取景于北京科技大学图书馆西侧。金秋十月周末的图书馆充溢着秋季带来的宁静与美好，阵阵凉意却并没有让学子在图书馆中学习的热情减退。街道看似空无一人，学子们在安静的图书馆中发奋学习。

选送学校：北京科技大学

Золотая осень Пекинского научно-технического университета

Автор: Чэнь Сун

Описание работы: Эта картина показывает западную часть библиотеки Пекинского университета науки и техники. Октябрьские выходные, осенняя библиотека — это все наводит спокойствие и чудо. Прилив прохлады не уменьшил энтузиазм студентов к занятиям в библиотеке. Улица пустая без людей, но в тихой библиотеке увлеченно занимаются учебой.

Университет: Пекинский университет науки и техники

北科楼语

作　　者：刘林雅

作品说明：本作品展现的是北科具有代表性的几个建筑，是在学校和作者有密切关系的学习、生活、娱乐场所，也是作者关于学校记忆的承载。这些建筑默默地伫立在那里，是一届又一届的学生在这里学习和成长的见证，静静地倾听着校园里的声音。

选送学校：北京科技大学

Слова корпусов Пекинского университета науки и техники

Автор: Лю Линья

Описание работы: Работа показывает репрезентативные здания Пекинского университета науки и техники, которые представляют собой места учебы, быта и развлечений, которые тесно связаны с нашей школьной жизнью, а также являются носителями нашей памяти об университете. Эти здания стоят там тихо и являются свидетельством поколений студентов, которые учились и росли здесь, тихо слушая мелодию университетского городка.

Университет: Пекинский университет науки и техники

冷暖——记早晨一抹温馨的橘光

作　　者：秦良禹

作品说明：画面描绘的是校园里北科学子上学路上会路过的一家水果摊。在秋日冷调的早晨，温暖的橘光在远处也分外清晰，我用相机随手记录下了这不经意间的美好。回到画室，本着当代艺术多次传递的特质，结合对校园温润的情感，一笔一笔地将景象绘制出来。这次画面采用了综合材质，利用丙烯和水粉仿制油画的质感，同时摆脱固有的“灰调”，采用“纯调”，在画风上进行了创新。现代讲究短平快，所以没有局限于细节，只是营造氛围。我希望通过我的画面，让更多人发现校园的美好。有些景色，是需要结合情感才能欣赏的。

选送学校：北京科技大学

Холод и теплота — вспомни тёплый оранжевый луч утром

Автор: Цинь Лянюй

Описание работы: На рисунке изображен фруктовый ларек в кампусе, мимо которого проходят студенты Пекинского университета науки и техники. В холодное осеннее утро теплый оранжевый свет очень ярко выражен из далека. Я записал эту красоту на свою камеру. Вернувшись в студию, с характерными для многих времен современного искусства в сочетании с теплыми чувствами в студенческом городке, и сцена была вытянута одна за другой. На этот раз в картине используются разные краски — акрил и гуашь, чтобы имитировать текстуру масляной живописи, в то же время избавляться от присущего «серого тона» и применяя «чистый тон» для новшества в стиле живописи. Модерн короткий и плоский, поэтому он не ограничивается деталями, а только создает атмосферу. Я надеюсь, что благодаря моим картинам все больше людей узнают о красоте кампуса. Для просмотра этих сцен нужно включать эмоцию.

Университет: Пекинский университет науки и техники

北科印象

作　　者：孙扬

作品说明：作品分别展现的是北京科技大学体育场外围以及逸夫楼门前的风景。以水粉为作画工具，表现了一个刚入学的北科学子，深入大学校园观察、写生，绘制了自己眼中的北科校园，从而表达自身对北科校园风光的喜爱，以及对大学生活的憧憬。

选送学校：北京科技大学

Впечатление от Пекинского университета науки и техники

Автор: Сунь Ян

Описание работы: На картине изображены пейзажи вокруг стадиона Пекинского университета науки и техники и фасада здания Ифу. Используя гуашь в качестве инструмента для рисования, автор показал студента, только что поступившего в университет, который наблюдает, описывает, рисует в своих мыслях кампус университета. Таким образом выражая свою любовь к пейзажам кампуса и стремление к студенческой жизни.

Университет: Пекинский университет науки и техники

北科的秋天

作　　者：喻菁怡

作品说明：北科的秋天，有着别的地方无法比拟的魅力，有金色的银杏大道，学生的欢声笑语，画室里洒下的阳光让人充满了创作的欲望。这个秋天，我抓住了这份冲动，用马克笔将它记录了下来，将北科秋日的美好定格在画纸上。希望能带给大家不一样的感受。

选送学校：北京科技大学

Осень Пекинского университета науки и техники

Автор: Юй Цзини

Описание работы: Осень в Пекинском университете науки и техники имеет свой шарм, с которым невозможно сравнить другие места: здесь есть бульвары с золотым гинкго, весёлые возгласы и радостный смех студентов. Солнечный свет, падающий в мастерскую, побуждает людей творить и создавать. Этой осенью я поймал вдохновение осенью, нарисовал это чувство маркером и «оставил» красоту осени университета на бумаге. Надеюсь, что этот рисунок принесет людям разные чувства и эмоции.

Университет: Пекинский университет науки и техники

树

作　　者：张金宇

作品说明：树，我见过不少，是最能体现季节变换的所在，但我最喜欢的是校园里的树。它不仅见证着季节的更迭，对于校园里的学子来说，更陪伴我们在这个校园里度过了几个秋。叶落知秋，秋天便是树最美的盛景。秋天到来，金黄的叶子洒满五环广场，那是我们最喜欢的地方，路过了便驻足欣赏。这幅画便是有幸在五环广场的落叶前写生，阳光洒满落叶，秋风萧瑟，又带着一份平静祥和的温暖，使人心安。等待叶落，进入深秋再进入冬日，本以为树便要默默无闻，变成枯树枝等待下一个春天，不承想学校却匠心独运地把彩灯挂满了银杏大道的银杏树，傍晚时分亮起。另一幅画描绘的就是银杏树挂着彩灯时的场景，给冬日漆黑寒冷的夜晚添加了一丝明亮和光彩。

选送学校：北京科技大学

Деревья

Автор: Чжан Цзиньюй

Описание работы: Я видел немало деревьев, они лучше отражают смену времен года, но мои самые любимые — это деревья в кампусе. Они не только были свидетелями смены сезонов, но также и для студентов в университетском городке, и сопровождают нас, чтобы провести здесь несколько осеней. Падающие листья напоминают о приближении грядущих событий осенью. Осень — самая красивая пора для деревьев. Наступает осень, и золотые листья покрывают площадь Пятого кольца, которая является нашим любимым местом. Проходя мимо мы всегда останавливаемся и любуемся пейзажем. Когда я рисовал эту картину, мне очень повезло: листопад на площади Пятого кольца, солнце освещает опавшие листья, дул унылый осенний ветер, и мягкая погода, успокаивающая людей. В ожидании опадания листьев, до поздней осени, а затем и до зимы, я думал, что деревья превратятся в сухие ветви, ожидая следующую весну. Я не мог подумать, что на проспекте Гинкго университет очень оригинально повесил фонари на деревья, и вечером они загорелись. Другая картина изображает сцену, когда деревья гинкго увешаны разноцветными огнями, которые добавляют нотку яркости и блеска темным и холодным зимним ночам.

Университет: Пекинский университет науки и техники

No.4 远东联邦大学

Дальневосточный федеральный университет

风景素描《城市建筑群中的历史建筑》

作　　者：K.A. 加博，指导教师 Г.И. 科姆普列克托娃副教授和 A.И. 科姆普列托夫副教授

作品说明：巴宾采夫公寓是历史建筑，建于 1901—1903 年，建筑风格属于“折中主义”，是建筑师普朗森的作品。

选送学校：远东联邦大学

Пейзажная зарисовка «Историческое здание в городском ансамбле»

Авторы: К.А. Гапон, Преподаватели: доцент Г.И. Комплектова, доцент А.И. Комплектов

Описание работы: Историческое здание Доходный дом В.П. Бабинцева, архитектурный образ решен в стилевом направлении «Эклектика» (арх. В.А. Плансон. 1901 — 1903 гг.).

Университет: Дальневосточный федеральный университет

风景写生《全景图·符拉迪沃斯托克革命战士广场即景》

作　　者：Л.Л. 纳尔班迪安，指导教师 Е.Н. 阿布拉莫芙斯卡娅副教授

作品说明：对滨海边疆区的民众来说，革命战士广场是符拉迪沃斯托克的地标性建筑，广场中央矗立着一座称为“为了远东苏维埃政权的战士”的纪念碑，东面还有一座称为“军事荣耀之城”的石碑。这里正在修建一座主显圣容大教堂。主要的城市活动、节日和音乐会都在该中央广场举行。经常有来自中国和其他国家的游客参观革命战士广场。

选送学校：远东联邦大学

Живописный этюд «Панорама. Вид с площади Борцов революции во Владивостоке»

Авторы: Л.Л. Налбандян, Преподаватель: доцент Е.Н. Абрамовская

Описание работы: Знаковое для приморцев место — площадь Борцов революции во Владивостоке. Ее украшают памятник Борцам за власть Советов на Дальнем Востоке и стела «Владивосток — город воинской славы». Здесь же строится Спасо-Преображенский кафедральный собор. Главные городские события, праздники и концерты проходят на этой центральной площади. Площадь Борцов революции всегда посещают много туристов из Китая и других стран.

Университет: Дальневосточный федеральный университет

风景写生《符拉迪沃斯托克金角湾岸边的景色——皇太子沿岸街即景》

作　　者：A.A. 罗加列娃，指导教师 E.H. 阿布拉莫芙斯卡娅副教授

作品说明：从符拉迪沃斯托克皇太子沿岸街所看到的风景。皇太子沿岸街位于金角湾岸边，实际上是这座古城的中心。沿岸街于 2012 年落成，恰逢远东造船机械厂建厂 125 周年。该厂是市里最古老的造船和修船企业之一，1891 年皇太子（即后来的俄国末代沙皇尼古拉二世）出席了工厂的奠基仪式。现在许多游客都到沿岸街参观游览。

选送学校：远东联邦大学

Живописный этюд «Вид с Набережной Цесаревича на берегу бухты Золотой рог во Владивостоке»

Авторы: А.А. Рогалева, Преподаватель: доцент Е.Н. Абрамовская

Описание работы: Вид с Набережной Цесаревича во Владивостоке, которая находится на берегу бухты Золотой рог, практически в центре исторической части города. Набережная открыта в 2012 году, к 125-летию Дальзавода, одного из старейших судостроительных и судоремонтных предприятий города, при закладке которого в 1891 году присутствовал цесаревич, а впоследствии последний русский царь Николай II. Набережную сейчас посещают много туристов.

Университет: Дальневосточный федеральный университет

风景写生《全景图·跨金角湾大桥的景色》

作　　者：А.Д. 密尔内赫，指导教师 Е.Н. 阿布拉莫芙斯卡娅副教授

作品说明：城市全景——从观景台看跨金角湾大桥。观景台位于鹰巢山上，这里总是游客众多，平常也有很多当地人在此休息，观光巴士来来往往。这里是符拉迪沃斯托克最佳的绘画和观景点之一。

选送学校：远东联邦大学

Живописный этюд «Панорама. Вид на мост через бухту Золотой рог»

Авторы: А.Д. Мерных, Преподаватель: доцент Е.Н. Абрамовская

Описание работы: Панорама города, вид со смотровой площадки на мост, через бухту Золотой рог. Площадка расположена на сопке Орлиное гнездо. Здесь всегда много туристов и отдыхающих, сюда регулярно приезжают автобусы с экскурсиями. Это одно из лучших мест, чтобы запечатлеть Владивосток и рассмотреть город и его структуру.

Университет: Дальневосточный федеральный университет

风景写生《俄罗斯岛上的远东联邦大学校园建筑群》

作　　者：A.C. 诺维科娃，指导教师 Г.И. 科姆普列克托娃副教授和 A.И. 科姆普列托夫副教授

作品说明：俄罗斯岛上的远东联邦大学校园内的教学楼（2012 年竣工）——公园和沿岸街即景。这里每年都举办世界经济论坛，俄罗斯总统和中华人民共和国主席也多次莅临参会。

选送学校：远东联邦大学

Пейзажная зарисовка «Ансамбль корпусов кампуса Дальневосточного федерального университета на острове Русском»

Авторы: А.С. Новикова, Преподаватель: доцент Г.И. Комплектова, доцент А.И. Комплектов

Описание работы: Учебные корпуса кампуса ДВФУ на острове Русский со стороны парка и набережной, построены в 2012 году, здесь ежегодно проводится ВЭФ, в заседаниях которого участвовали президент РФ и Председатель КНР.

Университет: Дальневосточный федеральный университет

风景写生《艺校大楼》

作　　者：A.B. 谢廖吉娜，指导教师 E.H. 阿布拉莫芙斯卡娅副教授

作品说明：艺校大楼属于历史建筑，建于 1944 年，地址是符拉迪沃斯托克市斯维特兰斯卡亚大街 65a 号，如今已成为俄罗斯联邦文化遗产。

选送学校：远东联邦大学

Живописный этюд «Здание художественного училища»

Авторы: А.В. Серегина, Преподаватель: доцент Е.Н. Абрамовская

Описание работы: Историческое здание по адресу Светланская улица, 65а во Владивостоке. Здание художественного училища основано в 1944 году и на сегодня является объектом культурного наследия Российской Федерации.

Университет: Дальневосточный федеральный университет

风景写生《符拉迪沃斯托克皇太子之门的景色》

作　　者：Д.А. 所罗门诺娃，指导教师 E.H. 阿布拉莫芙斯卡娅副教授

作品说明：皇太子之门也称尼古拉凯旋门。最早的凯旋门位于池塘街上，是为了迎接皇位继承人尼古拉而建。1891 年 5 月 11 日，皇太子驾临符拉迪沃斯托克，对远东进行访问并出席西伯利亚大铁路开工仪式。在苏联时期凯旋门被拆除。2001 年夏，教堂为凯旋门的重建工作祈福，并于 2003 年竣工。

选送学校：远东联邦大学

Живописный этюд «Вид на арку Цесаревича во Владивостоке»

Авторы: Д.А. Соломонова, Преподаватель: доцент Е.Н. Абрамовская

Описание работы: Триумфальная арка цесаревича Николая. Изначально каменная арка была сооружена была на улице Прудовая, для встречи наследника Цесаревича Николая во Владивостоке 11 мая 1891 года в рамках посещения им Дальнего Востока и открытия строительства Транссиба. В советское время снесена, восстановление арки благословила церковь летом 2001 года, восстановлена в 2003 году.

Университет: Дальневосточный федеральный университет

风景写生《符拉迪沃斯托克金角湾岸边的景色——皇太子沿岸街即景》

作　　者：У.М. 斯米卡莉娜，指导教师 Е.Н. 阿布拉莫芙斯卡娅副教授

作品说明：主显圣容大教堂位于金角湾岸边，临近符拉迪沃斯托克中央广场，它将成为滨海边疆区最大的教堂。

选送学校：远东联邦大学

Живописный этюд «Вид с Набережной Цесаревича на берегу бухты Золотой рог во Владивостоке»

Авторы: У.М. Смекалина, Преподаватель: доцент Е.Н. Абрамовская

Описание работы: Спасо-Преображенский кафедральный собор, здание находится рядом с центральной площадью Владивостока на берегу бухты "Золотой Рог" , он станет самым крупным храмом в Приморье.

Университет: Дальневосточный федеральный университет

风景写生《圣徒安德烈·佩尔沃兹万内教堂》

作　　者：С.С. 特卡切娃，指导教师 Е.Н. 阿布拉莫芙斯卡娅副教授

作品说明：这是一座很小的单圆顶白色教堂，可容纳 40 ~ 50 人。它位于舰船沿岸街，临近“太平洋舰队战斗荣誉”纪念碑（纪念在伟大卫国战争前线牺牲的战士）。这是太平洋舰队的第一座教堂，很多游客（其中也有中国游客）来此一游。

选送学校：远东联邦大学

Живописный этюд «Храм святого апостола Андрея Первозванного»

Авторы: С.С. Ткачева, Преподаватель: Е.Н. доцент Абрамовская

Описание работы: Небольшой однокупольный белый храм на 40-50 человек, который расположился на Корабельной набережной неподалеку от мемориального комплекса «Боевая слава ТОФ» (погибшим на фронтах Великой Отечественной войны воинам). Это первый храм Тихоокеанского флота. Храм посещают много туристов, в том числе из Китая.

Университет: Дальневосточный федеральный университет

No.5 北京理工大学

Пекинский политехнический институт

校园花房

作　　者：陈圣年

作品说明：灵感来源于校园一角，传统的门窗、灰墙、绿植组合而成的一幅画面，通过马克笔对砖墙、木门窗的描绘，突出墙面古旧的特点。不同种类样式、各具特色的植物组合到一起，高低穿插，充分展现了层次感和空间感，不同颜色、大小的植物之间也起到一定的呼应作用。作品通过对校园一角中植物的特写，表现校园生活的生动鲜活。

选送学校：北京理工大学

Цветочная оранжерея в кампусе

Автор: Чэнь Шэннянь

Описание работы: Вдохновение местечком университетского городка, традиционные двери и окна, серая стена и зелень объединило картину: кирпичные стены, деревянные двери и окна изображены маркером, что подчеркнуло особенности старинной архитектуры. Сочетание различных стилей и уникальных растений, высоких и низких форм, выражают последовательность и пространственность. Разный колорит и размер растений играют определенную роль в картине. Описание флоры в университетском городке выражает яркую жизнь университетского городка.

Университет: Пекинский политехнический институт

历史的记忆

作　　者：左朗

作品说明： 2019 年 4 月，我参加学校的交换访学项目，赴俄罗斯莫斯科大学交流学习。俄罗斯国家历史博物馆坐落在莫斯科红场旁，是莫斯科标志性建筑和俄罗斯最具代表性的博物馆之一。它的造型非常美丽，深红色的建筑配以白色的点缀，十分醒目。整个建筑宏伟而典雅、艳丽而沉稳，其中又展示着诸多历史文物，是一段弥足珍贵的历史遗存。每每经过，都促使我产生一种独特的体验与感受，我希望能记录下这富有生命力量的回忆。

选送学校：北京理工大学

Историческая память

Автор: Цзо Лан

Описание работ: В апреле 2019 года по программе студенческого обмена я учился в Московском университете в России. Российский государственный исторический музей расположен рядом с Красной площадью в Москве. Это одно из значимых построек Москвы и один из значимых музеев России. Его форма очень красивая, малиновое здание с белыми украшениями привлекает взоры. Здание — величественное, элегантное, красочное, строгое, оно отражает историю, и является ценной исторической памятью. Каждый раз, проходя мимо этого здания, я ощущаю особые чувства, надеюсь, что сохраню в памяти эти яркие и живые воспоминания.

Университет: Пекинский политехнический институт

层　叠

作　　者：陈梓玉

作品说明：本作品是在校园中北湖公园旁的池塘边画的，发现这个场景的时候感觉到这个环境整体布局和细节都非常有特色和意境。池塘围石上留着的水迹，落下的已经干枯的一片树叶，纹理独特的石块，石缝中长出的小草，层层叠叠的石头堆、池塘、浮萍、廊柱和树影，是这些部分构成了这个画面，让画面有了大整体也有了小细节。颜色方面并没有选择过于靓丽活泼的颜色，而是想让这个环境处于一个安静惬意的氛围里面，给人一种静的感觉，让人们看到这幅画的时候能感到轻松愉快。

选送学校：北京理工大学

Слой на слое

Автор: Чэнь Цзыюй

Описание работы: Эта картина была написана у пруда в парке Бэйху студенческого городка. Когда я нашел этот пейзаж, то почувствовал, что общая картина этой среды была очень своеобразная интересная. Водные следы оставленные на камне, сухие листья, камни с уникальными формами, трава, растущая из каменной щели, куча камней, пруд, ряска, колонны и тени деревьев, именно эти части и составляют эту картину, придавая картине большие и мелкие детали. С точки зрения цвета, я не выбирал слишком яркие и живые цвета, а хотел создать обстановку с тихой и приятной атмосферой, чтобы увидеть эту картину, люди могли почувствовать тишину, легкость и облегчение.

Университет: Пекинский политехнический институт

北理·丹枫篮球场

作　　者：王浩楠

作品说明：秋天的到来使北京变得格外冷，也给北理带来了秋天的颜色。在丹枫的路上树叶逐渐变得金黄，我留恋这一刻，把它作为我的北理金秋印象。

选送学校：北京理工大学

Пекинский политехнический институт, баскетбольная площадка Даньфэн

Автор: Ван Хаонань

Описание работы: Пришла осень, в Пекине стоит необычайный холод, осень также украсил университет осенним цветом. По Даньфэн в Данфэн листья постепенно становятся золотыми. Я с нежностью вспоминаю этот момент, запомнил его как впечатление о Пекинском политехническом институте.

Университет: Пекинский политехнический институт

北京的街

作　　者：高宏磊

作品说明：以北京街道为原型创作，综合运用丙烯、水粉、马克笔、色粉等多种绘画材料表现画面，以不同绘画材料之间的碰撞产生的趣味性来展现北京街道常见景象，利用不同材料的特点渲染北京胡同午后气氛。

选送学校：北京理工大学

Улица Пекина

Автор: Гао Хунлэй

Описание работы: Улица Пекина как прообраз, была изображена с использованием различных красок, таких как акрил, гуашь, маркеры, пастель и т.д. Столкновением разных красок были показаны достопримечательности пекинских улиц, и с использованием разных красок в картине было передана послеобеденная атмосфера в пекинском хутуне.

Университет: Пекинский политехнический институт

北理桥·食堂

作　　者：王建风

作品说明：这是一幅从北理桥看北食堂的作品，走在北理桥上就可以发现这一独特的视角，眼中的食堂被巧妙地分割，具有一定的趣味性。抓住这一特点，形成构图。四周只有简单的线条勾勒出北理桥的外轮廓，中心部分则采用一种规矩的绘画手法将北食堂体现出来，画面中所有的元素都可以被看成是点、线、面，它们把画面分割成不同的面积，它们的疏密关系又表现出了形、色、光。

选送学校：北京理工大学

Мост Пекинского политехнического института и столовая

Автор: Ван Цзяньфэн

Описание работы: На картине изображен вид на Северную столовую с моста Пекинского политехнического института. Этот уникальный пейзаж вы можете найти прогуливаясь по мосту университета. Направленный на столовую взор будет вызывать определенный интерес, и подхватив эту особенную точку, создал композицию. Вокруг моста есть только простые линии, а в центральной части используется обычная техника рисования, отражающая северную столовую. Все элементы на картине можно рассматривать как точки, линии и области, которые делят картинку на разные части, и их непохожие элементы придают форму, цвет и свет.

Университет: Пекинский политехнический институт

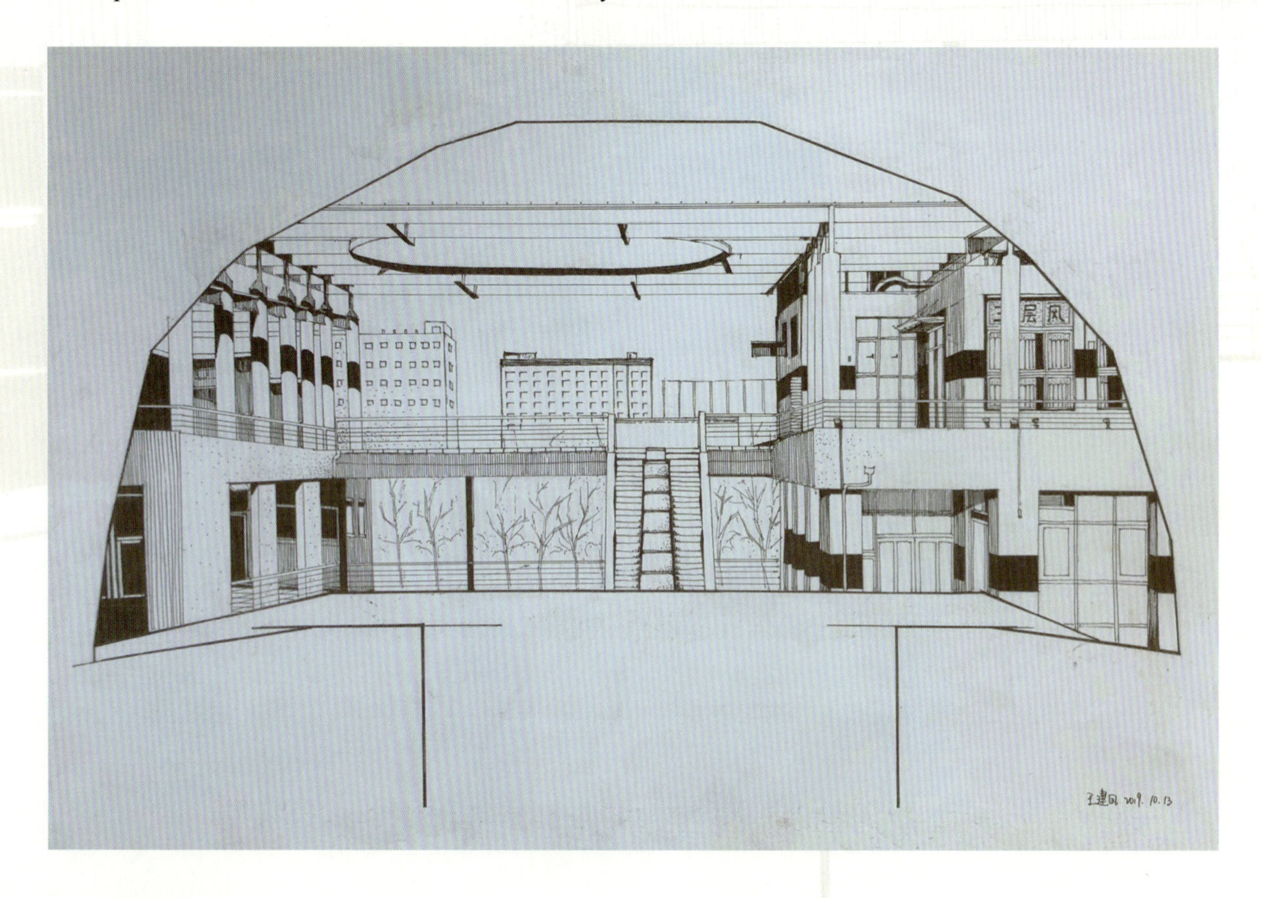

校园一角

作　　者：刘樱若
作品说明：这是一张关于学校图书馆一角的风景画，我采用了色粉笔与油画棒来完成这幅作品。创作这幅作品的初衷是源于我在图书馆时看到了黄色银杏与绿色松树同时存在的情况，同时还伴有紫色的树叶。于是我便将这个神奇的景象记录了下来，来表达此刻静谧的空气与时光。
选送学校：北京理工大学

Местечко в кампусе

Автор: Лю Инжо
Описание работы: Эта работа рассказывает об одном местечке университетской библиотеки. Я завершила картину с использованием цветных мелков и масляной пастели. Первоначальное намерение создания этой работы состояло в том, что я увидела в библиотеке желтое гинкго, зеленые сосны и дерево фиолетовыми листьями, которые росли вместе, и я нарисовала эту волшебную сцену, отражая время и тихую атмосферу.
Университет: Пекинский политехнический институт

门 里

作 者：谢雪晗

作品说明：这幅作品通过钢笔勾线和淡彩的方式表现出来，整个画面可以给人一种新奇的感受，同时又进一步强化了视觉中心的主要部分，也更加进一步地体现了北京胡同的特点。

选送学校：北京理工大学

У двери

Автор: Се Сюехань

Описание работы: Эта работа сделана пером и тушью, вся картина может передать людям необычные ощущения. Подчеркиваются основные элементы, тем самым отражая особенности пекинских переулков.

Университет: Пекинский политехнический институт

No.6 顿河国立技术大学

Донской государственный технический университет

季夫诺莫尔斯克市顿河国立技术大学体育健身营

作　　者：A.A. 库拉吉娜
作品说明：“彩虹”大学生体育健身中心，即顿河国立技术大学的学生体育健身营，位于黑海沿岸的季夫诺莫尔斯克市，临近格连吉克市。小镇名称的历史由来很有意思，可以追溯到19世纪的一次俄土战争。

兵力占优的土耳其舰队沿着黑海海岸行进，搜索驻扎在格连吉克的俄罗斯分舰队。俄军指挥部决定在季夫诺莫尔斯克耶村的岸边建造工事，把其伪装成格连吉克堡垒和俄军舰艇，以此迷惑敌军。确切地说，俄军建成了一个“伪造的格连吉克”。一支土耳其分舰队驶近季夫诺莫尔斯克耶村，土军误以为到了格连吉克，于是集中全部火力向季夫诺莫尔斯克耶村的岸边和停泊场发起猛烈攻击。与此同时，俄军舰艇从邻近的格连吉克湾驶出，悄然接近土耳其分舰队，出其不意，发起攻击。最终，兵力占优的土耳其分舰队被击溃，从此季夫诺莫尔斯克耶村被命名为“伪造的格连吉克”。

小镇的官方名称“伪造的格连吉克”已经使用了100多年，直到1964年才重新更名为“季夫诺莫尔斯克耶”。
选送学校：顿河国立技术大学

Спортивно-оздоровительный лагерь. Донской государственный технический университет. Г. Дивноморск.

Автор: А.А. Кулагина
Описание работы: Студенческий лагерь «Радуга» Донского государственного технического университета на побережье Черного моря в поселке Дивноморское, рядом с городом Геленджик. Примечательна история названия поселка, тянущаяся еще со времен одной из русско-турецких войн XIX века.
Превосходящий силами турецкий флот шел вдоль черноморского побережья, ища русскую эскадру, которая находилась в Геленджике. Русское командование решило обмануть неприятеля: на берегу села Дивноморское были поставлены бутафорские сооружения, имитирующие геленджикское укрепление и русские корабли. То есть был создан «Фальшивый Геленджик».Турецкая эскадра, подойдя к селу Дивноморское, приняла его за Геленджик и обрушила огонь всех своих орудий на берег и рейд села Дивноморское. Тем временем, русские корабли вышли из соседней Геленджикской бухты и приблизились к турецкой эскадре, застав её врасплох и к тому же с разряженными орудиями. В итоге превосходящая турецкая эскадра была разбита, а название «Фальшивый Геленджик» закрепилось за селом Дивноморское.
Официальное название «Фальшивый Геленджик» посёлок носил более 100 лет и был переименован в Дивноморское лишь в 1964 году.
Университет: Донской государственный технический университет

顿河畔罗斯托夫——坎克林斯卡娅街

作　　者：A.A. 普利谢帕
作品说明：1811 年，根据总平面图，坎克林斯卡娅街是市内最早的六条街道之一。当时所有街道都没有名称。1836 年，这条街道被命名为“坎克林斯卡娅”。99 年以后，改名为“乌里扬诺夫斯卡娅”，以纪念列宁的姐姐安娜·乌里扬诺娃。

坎克林斯卡娅街是市中心最短的街道之一。您从布琼诺夫斯克大街转弯，穿过一栋大楼的拱形门洞，就能来到这条街上。街道两旁到处都是高大宽敞的楼房，其中还有一些公寓，只有少数楼房完好无损地保留下来。

画中的大楼是 20 世纪初建成的，属于现代派风格。楼房的南面和西面（正面）是一体结构，在西南墙角主要采用楣饰支柱来装饰，它的上端是一个有塔尖的圆顶角楼。

这栋现代派风格的住宅楼是 20 世纪初民用建筑古迹的实例，展示了城市历史中心建筑的风格特征。它与旁边的旧教派教堂一起组成一个统一的建筑群。教堂的围墙与楼房正面有衔接。

旧教派波科罗夫 - 伊利因斯基大教堂建于 1912 年，并于 1913 年建成。它是莫斯科建筑师弗拉基米尔·波克罗夫斯基设计的。在苏联时代，这座教堂没有被毁坏，但于 1935 年关闭。自 1946 年以来，旧教派团体逐渐恢复了教堂的陈设。现在教堂仍有礼拜活动。
选送学校：顿河国立技术大学

Г. Ростов-на-Дону. Улица Канкринская

Автор: А.А. Прищепа
Описание работы: В 1811 году по генеральному плану Улица Канкринская оказалась в числе первых шести городских улиц. Тогда они все были безымянные. В 1836 году улица получила название Канкринской. Спустя 99 лет она была переименована в Ульяновскую — в память о сестре Ленина Анны Ульяновой.
Одна из самых коротких улиц в центре города: попасть на неё можно, свернув с проспекта Будённовского в арку большого дома. Усеяна просторными строениями, в которых располагались доходные дома. Полностью сохранившихся таких домов осталось немного.
Изображенное здание построено в 1910-е годы в стиле модерн. В единой композиции южного и западного фасадов доминируют крайние раскреповки, завершённые аттиками; объединённые в юго-западной части дома и увенчанными куполом со шпилем.
Памятник гражданской архитектуры 1910-х годов — интересный пример жилого дома в стиле модерн, отражает стилистические особенности застройки исторического центра города. Дом образует единый архитектурный комплекс, со старообрядческой церковью, расположенною на соседнем участке. Ограда храма примыкает к фасаду здания.
Старообрядческий Покрово-Ильинский собор. Он строился в 1912—1913 годах по проекту московского архитектора Владимира Покровского. Храм не был разрушен в советское время, но в 1935 году его закрыли. С 1946 года старообрядческая община постепенно восстанавливала убранство храма. Сейчас там проходят службы.
Университет: Донской государственный технический университет

顿河畔罗斯托夫国立音乐剧院

作　　者：A.A. 科兹门克
作品说明：罗斯托夫国立音乐剧院是俄罗斯南部最古老的音乐生活中心之一。

罗斯托夫国立音乐剧院的外形就像一架打开盖板的钢琴。20 世纪 70 年代在苏联的许多城市兴建了类似的剧院大楼，它们外形简单，大厅内饰宽敞，采用玻璃和混凝土进行外墙装修。本项目是由建筑师列奥尼特·洛巴克领导的民用建筑设计院团队共同设计。尽管外形如出一辙，但设计人员力求让这家剧院具有自己的特色。他们把剧院建在一块空地上，从大花园街到剧院正面铺设了几条宽敞的通道，并采用具有特定风格的缪斯女神浮雕像来装饰正面的外墙。剧院共两层，楼顶的格栅和高耸的斜面与之浑然一体，很有立体感。许多人把剧院称为“白色钢琴”，或许，音乐剧院本身的用途也会引发这样的联想。

选送学校：顿河国立技术大学

Ростовский Музыкальный театр. Г. Ростов-на-Дону

Автор: А.А. Козменко

Описание работы: Ростовский Музыкальный театр — один из старейших центров музыкальной жизни Юга России.

Здание Ростовского государственного музыкального театра своими формами напоминает открытый рояль. Подобные театральные здания в упрощенных формах, с просторными интерьерами парадных залов, отделкой фасадов из стекла и бетона строились в советские 1970-е годы в ряде городов СССР. Проект его разрабатывал авторский коллектив института «Гражданпроект» под руководством архитектора Леонида Лобака. Несмотря на выбранный стереотип, проектировщики старались придать своему театральному зданию индивидуальные черты. Они разместили его на освобожденном участке, организовали свободные подходы к парадной части с Большой Садовой улицы, украсили фасад стилизованными рельефными изображениями муз. Скорее всего, за сочетание в объемной композиции здания его распластанной двухэтажной части и возвышающегося над ней объема колосников с наклонной плоскостью, многие называют театр «Белым роялем». А может, само музыкально-театральное его назначение рождает такую ассоциацию.

Университет: Донской государственный технический университет

顿河畔罗斯托夫——教堂巷

作　　者：M.M. 科瓦利丘克

作品说明：教堂巷是市内最早的街道之一，早在 1811 年的城市平面图中就已经标出来了。一开始，教堂巷称为“顿河下坡道”，因为沿着这条街道可以直接从集市走到顿河岸边。在圣母玛利亚诞生大教堂建成之后，这条巷子改名为“教堂巷”。

2018 年世界杯足球赛筹备期间，教堂巷改为步行街。路面铺设了人行道砖，巷子里种上了树木，安置了长凳。巷子两侧几乎所有的房子都经过重新修缮或外墙粉饰。

选送学校：顿河国立技术大学

Переулок Соборный. Г. Ростов-на-Дону

Автор: М.М. Ковальчук

Описание работы: Соборный переулок — одна из первых улиц города, обозначена на плане города 1811 года. Некоторое время носила название Донского спуска, так как по ней был прямой выход с базара на реку Дон. Затем, после постройки собора Рождества Пресвятой Богородицы, переулок стал Соборным.

При подготовке к чемпионату мира по футболу 2018 года Соборный переулок стал пешеходным. Мостовая была вымощена тротуарной плиткой, высажены деревья и установлены лавочки. Почти все дома в переулке отреставрированы или оштукатурены.

Университет: Донской государственный технический университет

顿河国立技术大学校园

作　　者：O.P. 菲利彭科

作品说明：这栋大楼与顿河畔高等经济教育的历史息息相关。它建于 1902 年，并于 1904 年建成，当时是罗斯托夫商业学校，1918—1920 年升格为顿河商业学院，1920—1922 年改名顿河国民经济学院。从 1921 年秋天开始，原商校大楼成为顿河国民经济学院、第二工业经济学校和顿河中等师范学校的所在地。自 1931 年以来，这里又变成罗斯托夫财经学院。

目前，原商校大楼隶属于顿河国立技术大学。这栋大楼是俄罗斯文化遗产。

选送学校：顿河国立技术大学

Кампус ДГТУ

Автор: О.Р. Филиппенко

Описание работы: С этим зданием были связаны страницы истории высшего экономического образования на Дону. Построено в 1902—1904 годы как здание Ростовского коммерческого училища, в 1918—1920 годах здесь размещался Донской коммерческий институт, в 1920—1922 годах — Донской институт народного хозяйства. С осени 1921 года в здании бывшего коммерческого училища, помимо Донского института народного хозяйства, располагались 2-ая промышленно-экономическая школа и Донской педагогический техникум. С 1931 года в нем начал свою деятельность Ростовский финансово-экономический институт.

В настоящее время в здании бывшего Ростовского коммерческого училища находится Донской государственный технический университет. Это здание является памятником культурного наследия России.

Университет: Донской государственный технический университет

顿河畔“罗斯托夫舞台”体育场

作　　者：М.Д. 科瓦奇

作品说明：“罗斯托夫舞台”体育场，即顿河畔罗斯托夫足球场，于 2018 年建成，是专门为举办 2018 年世界杯足球赛而修建的。它位于顿河左岸，临近格列布诺伊运河。

按照最初的设计方案，它有别于为举办 2018 年世界杯足球赛而修建的其他场馆，设计方案独具一格——北面是露天看台，在其后面可以看到顿河的美景，但是后来方案进行了修改——四周的立面是密封的，并采用媒体立面技术。

选送学校：顿河国立技术大学

Г. Ростов-на-Дону. Стадион «Ростов- Арена»

Автор: М.Д. Ковач

Описание работы: Ростов-Арена — футбольный стадион в Ростове-на-Дону, построенный в 2018 году специально для проведения матчей Чемпионата Мира 2018. Стадион появился на левом берегу Дона, неподалеку от Гребного канала.

Согласно изначальному плану должен был выделяться среди остальных стадионов, построенных к ЧМ-2018 по футболу, оригинальным архитектурным решением — северная трибуна открыта, за ней открывается вид на реку Дон, однако позже план был изменён: фасад по всему периметру сплошной и выполнен по технологии медиафасада.

Университет: Донской государственный технический университет

顿河畔罗斯托夫的城市建筑

作　　者：P.M. 科洛巴耶夫
作品说明：20 世纪 80 年代初，在布琼诺夫斯克大街和马克西姆·高尔基大街的交叉口建了一个电话站，并计划为其配备最新的苏联技术。但是，这个项目注定未能实现。电话站建设了很长时间，一直持续到 90 年代末，结果造成在 20 世纪 80 年代初最先进的技术已经被淘汰了。电话站房间的面积很大，因为模拟设备很占地方。

三 A 公司收购了位于市中心的大型钢筋混凝土楼体框架（烂尾楼），并于 2006 年在其基础上建成了时尚购物中心“阿斯特广场”，总面积为 21 500 平方米。购物中心采用高科技风格，配备了观光电梯和自动扶梯，以及与其一体化的一整套技术安全和生命保障设备，因而称为“智能大厦”。这个“技术大脑”将管理所有的供暖、通风和空调系统。如果出现事故，大楼的“智能系统”能够迅速检测出发生故障的确切位置，以便最快地消除故障。
选送学校：顿河国立技术大学

Городская архитектура. Г. Ростов-на-Дону.

Автор: Р.М. Колобаев
Описание работы: В начале 80-х на пересечении Буденновского проспекта и улицы Максима Горького начали строить телефонную станцию, которую планировали оснастить последними советскими технологиями.Но воплотиться в жизнь этому проекту было не суждено.Стройка станции длилась настолько долго, что технологии, казавшиеся к началу 80-х современнейшими, к концу 90-х были уже не актуальны. Помещения строились под аналоговую аппаратуру, занимающую огромные площади.
Большой железобетонный каркас в центре города выкупила компания «ААА» и в 2006 году построила на его основе торговый центр моды «Астор Плаза» общей площадью 21 500 кв. м. Торговый центр построен в стиле hi-tech. Здание оснащено панорамными лифтами и эскалаторами, интегрированным комплексом технических средств безопасности и жизнеобеспечения под названием «Интеллектуальное здание». Этот «технический мозг» будет управлять всеми системами отопления, вентиляции и кондиционирования. В случае аварии «интеллект» здания сможет оперативно обнаружить точное место неисправности, чтобы её можно было ликвидировать с максимальной быстротой.
Университет: Донской государственный технический университет

顿河畔罗斯托夫的拱形门洞

作　　者：Д.Э. 巴格达萨洛娃
作品说明：顿河畔罗斯托夫唯一成功的旧厂楼“改造”项目是从前的阿斯莫洛夫卷烟厂，现在“烟草中心”已经与时尚的城市空间融为一体。160 年前，这里成立了一家卷烟厂，并开创了俄罗斯整个烟草工业的历史。正如 19 世纪中叶的许多厂房一样，卷烟厂大楼也是砖结构，时至今日它不仅具有历史意义，而且具有建筑价值。

如今，大楼外形焕然一新，极富表现力，使已经成为市中心的一条街道面貌大为改观。烟草的气味早已被当地餐馆烘烤面包的香气所取代。

它的总面积为3.5 万平方米，租赁面积为2.7 万平方米。租赁厂房的大约有 120 人，开有酒吧、饭店、体育中心、酒店、照相馆、媒体中心、办公中心等等。

从前的卷烟厂大楼是地方级文化遗产，在受国家保护的古迹名录中填报的名称为“阿斯莫洛夫卷烟厂建筑群”。
选送学校：顿河国立技术大学

Арка. Г. Ростов-на-Дону

Автор: Д.Э. Багдасарова
Описание работы: В Ростове-на-Дону единственным успешным проектом по «превращению» старого промышленного здания и интеграции его в модное городское пространство стала бывшая табачная фабрика Асмолова, а сейчас — «Табачка. Центр». Ровно 160 лет назад здесь была открыта табачная фабрика, положившая начало истории целой отрасли в России. Как и многие промышленные здания середины XIX века, оно было возведено из кирпича и сегодня представляет не только историческую, но и архитектурную ценность.

Сегодня ее обновленный выразительный силуэт вновь преобразил одну из уже центральных городских улиц. Запах табака давно сменил аромат свежей выпечки из местных ресторанов.

Из общей площади 35 тысяч кв. м в аренду сдано 27 тысяч. На территории комплекса помещения снимают около 120 арендаторов, среди которых бары, рестораны, спортивные центры, гостиница, фотостудия, медиакластер, коворкинг-центр и другие.

Здания бывшей табачной фабрики являются объектом культурного наследия регионального значения. В реестре памятников, охраняемых государством, они отмечены под названием «Комплекс промышленных зданий табачной фабрики В.И. Асмолова».

Университет: Донской государственный технический университет

顿河大桥

作　　者：С.И. 乔尔纳亚
作品说明：罗斯托夫移动式（可升降）铁路桥是一座双轨五孔桥，桥梁的中央部分可以升降。途经罗斯托夫的大多数旅客列车以及少量货物列车由此通过。此地的第一座桥建于1873—1874年。这是一座原始结构的单轨五孔桥。由于单向桥梁的通过能力不足，1912年决定建设新的三孔桥，该桥带有可垂直升降的中央桁架，位于下游的40～50米处。这是俄罗斯第一座此类结构的桥梁。该桥于1917年建成并被罗斯托夫人称为“美国桥”，原因在于自19世纪末此类桥梁就已经在北美建成。

在伟大的卫国战争头几个月，这座桥梁被炸毁。1943年2月罗斯托夫解放时，桥体几乎已经被完全摧毁。1945年，在美国桥的桥墩上建造了一座临时的固定桥。

1949—1952年，在临时桥的旁边建造了一座新桥，至今仍在使用，其结构与原先的美国桥区别不大。1945年临时桥被拆除，但它的桥墩保留至今。
选送学校：顿河国立技术大学

Мост через реку Дон

Автор: С.И. Черная
Описание работы: Ростовский подвижный (подъёмный) железнодорожный мост — пятипролётный арочный двухпутный мост с подъёмной средней частью через реку Дон.Через мост проходит большинство пассажирских поездов, следующих через Ростов, и незначительное количество грузовых. Первый мост на этом месте был построен в 1873 — 1874 годах. Это был одноколейный пятипролётный мост оригинальной конструкции. Из-за недостаточной пропускной способности однопутного моста, в 1912 году было принято решение строить новый трёхпролётный мост с вертикально-поднимающейся средней фермой, в 40 — 50 метрах ниже по течению — это был первый мост подобной конструкции в России. К 1917 году он был возведён и прозван ростовчанами «Американским», поскольку такие мосты строились в Северной Америке начиная с конца XIX века.
В первые месяцы Великой отечественной войны мост был подорван и при освобождении Ростова в феврале 1943 практически полностью разрушен. В 1945 году на опорах Американского моста был сооружён временный неподвижный мост.
В 1949 — 1952 годах на этом месте был построен новый мост, использующийся до сих пор. По своей конструкции он немногим отличался от старого Американского моста. Мост 1945 года был разобран, его опоры стоят до сих пор.
Университет: Донской государственный технический университет

季夫诺莫尔斯克
“彩虹”体育健身营——入口区

作　　者：A.A. 伊万年科

作品说明：“彩虹”大学生体育健身中心，即顿河国立技术大学的学生体育健身营，位于黑海沿岸的季夫诺莫尔斯克市，临近格连吉克市。20 世纪 70 年代，在顿河国立技术大学前校长列奥尼特·瓦西利耶维奇·克拉斯尼琴克的领导下，学生营地开始建设。“彩虹”由帐篷营地转变成大型的大学生体育健身中心，每年有来自俄罗斯 63 个地区的 8 000 多名高校师生在此休闲度假。

选送学校：顿河国立技术大学

Г. Дивноморск. Спортивно-оздоровительный лагерь «Радуга». Входная зона

Автор: А.А. Иваненко

Описание работы: СОСК «Радуга» — студенческий лагерь Донского государственного технического университета на побережье Черного моря в поселке Дивноморское, рядом с городом Геленджик. Строительство студенческого лагеря началось в 70-х годах прошлого века под руководством бывшего ректора ДГТУ Леонида Васильевича Красниченко. Из палаточного городка «Радуга» превратилась в крупнейший студенческий спортивно-оздоровительный комплекс, где ежегодно отдыхают более 8000 студентов и преподавателей вузов из 63 регионов России.

Университет: Донской государственный технический университет

顿河畔罗斯托夫的街道

作　　者：B.И. 斯莫里亚尔

作品说明：历时三个世纪，顿河畔罗斯托夫的建筑形成了独特的不可复制的城市面貌，其特点是种类繁多，各有特色。市内有很多“十月革命”前的建筑古迹，聚集了许多不同风格的建筑，构成了一个很有价值的建筑群。随着时间的推移，部分建筑已经不复存在，一部分现存的建筑被列为国家级或地方级文化遗产。

选送学校：顿河国立技术大学

Улицы Ростова-на-Дону

Автор: В.И. Смоляр

Описание работы: Архитектура Ростова-на-Дону в течение трёх веков сформировала неповторимый и уникальный облик города, отличающийся большим разнообразием. Город богат на архитектурные памятники дореволюционного времени. Здесь находится множество зданий разных стилей, составляющих ансамбль интересных архитектурных решений. С течением времени часть зданий была утеряна, часть, ныне существующих, отнесена к объектам культурного наследия федерального и регионального значения.

Университет: Донской государственный технический университет

No.7 长春理工大学

Чанчуньский политехнический университет

友 谊

作　　者：付林洋、刘云侠、邓名阳

作品说明：本作品灵感来源于中俄两国的深厚友谊，画面中间为长春人民广场苏联红军烈士纪念塔，为纪念苏联红军在长春抗日战争中牺牲的23名飞行员而建。左侧建筑为中国光学摇篮——长春理工大学，右侧建筑为俄罗斯历史悠久的建筑——圣瓦西里大教堂。通过在一个空间的描绘，表达出中俄人民来之不易的和平，愿中俄高校在学术上更加繁荣，中俄友谊天长地久。

选送学校：长春理工大学

Дружба

Авторы: Фу Линьян, Лю Юнься, Дэн Минъян

Описание работы: Эта работа основана на крепкой дружбе между Китаем и Россией. На центре картины находится Мемориальная башня героев Советской Красной Армии на Народной площади Чанчуня в память 23 летчиков, погибших во время антияпонской войны в Чанчуне. Здание слева колыбель китайского просвещения — Чанчуньский политехнический университет, а здание справа старинная русская архитектура — собор Василия Блаженного. Благодаря изображению в одном пространстве, выражается завоеванный с трудом мир китайского и русского народа. Есть надежда на то, что китайские и российские университеты станут более процветающими в науке, и что китайско-русская дружба будет длиться вечно.

Университет: Чанчуньский политехнический университет

长春站

作　　者：徐冻、袁玉环、付林洋

作品说明：长春站手绘根据原有建筑形状与形式，进行马克笔艺术化处理，彰显出长春如今的繁荣与繁华。艺术的笔触与建筑颜色相结合，在蔚蓝的天空映射下相得益彰。

选送学校：长春理工大学

Чанчуньский вокзал

Авторы: Сюй Дун, Юань Юйхуань, Фу Линьян

Описание работы: Станция Чанчунь была нарисована вручную в соответствии с первоначальным видом и формой здания. Художественная работа выполнена маркером, она показывает процветание и великолепие современного Чанчуня. Сочетание художественных штрихов и архитектурных красок дополняют друг друга под голубым небом.

Университет: Чанчуньский политехнический университет

伪满皇宫博物院

作　　者：王静、刘丛、来倩倩

作品说明：伪满皇宫博物院的主要建筑及其内部构造，融历史人物与历史故事于历史建筑中。作品表达了作者的爱国主义情怀以及人文情怀。伪满皇宫博物院作为城市的历史沉淀，增强了城市的历史厚重感。

选送学校：长春理工大学

Императорского дворец-музей правительства Маньчжоуго

Авторы: Ван Цзин, Лю Цун, Лай Цяньцянь

Описание работы: Главное здание и внутренняя структура императорского дворца-музея правительства Маньчжоуго объединяют исторические фигуры и исторические предания в исторических зданиях, которые выражают патриотическое воспитание и гуманные чувства автора. Как исторический «осадок» города, императорский дворец-музей правительства Маньчжоуго усиливает историческую значимость.

Университет: Чанчуньский политехнический университет

长春理工大学标志性建筑物——理工双塔科技大厦

作　　者：赵瑞洁、王静、付林洋

作品说明：本手绘作品旨在表现母校长春理工大学校园风采。长春理工大学的校训为"明德博学，求是创新"。作品选取长春理工大学标志性建筑物——南校区理工双塔科技大厦，展现理工校园清新向学、朝气蓬勃的良好氛围。技法上，将彩铅与马克笔结合，显得清新明快。

选送学校：长春理工大学

Значимое здание Чанчуньского политехнического университета — башни-близнецы научно-техническиого корпуса

Авторы: Чжао Жуйцзе, Ван Цзин, Фу Линьян

Описание работы: Эта ручная работа была создана для выражения изящества Чанчуньского политехнического университета. Девиз университета — эрудиция Минде, поиск истины и инноваций. В рисунке изображено значимое здание — башни-близнецы научно-технического корпуса в южном кампусе. Они демонстрируют свежую и живую атмосферу научно-технического кампуса. В плане техники — сочетания цветных карандашей и маркера, и это выглядит свежо и ярко.

Университет: Чанчуньский политехнический университет

长春世界雕塑公园

作　　者：张帅

作品说明：长春世界雕塑公园位于长春市人民大街南部，占地面积 92 公顷，其中水域面积 11.8 公顷。是一个融汇当代雕塑艺术、展示世界雕塑艺术流派的主题公园，是集自然山水与人文景观于一体的一座现代城市雕塑公园。

选送学校：长春理工大学

Чанчуньский парк мировых скульптур

Автор: Чжан Шуай

Описание работы: Чанчуньский мировой парк скульптур, расположенный на юге Народной улицы в городе Чанчунь, занимает площадь 92 га, в том числе площадь акватории составляет 11,8 га. Это тематический парк, объединяющий современное скульптурное искусство и представляющий мировое скульптурное искусство, также это современный городской парк скульптур, который объединяет так природный, как и культурный ландшафты.

Университет: Чанчуньский политехнический университет

No.8 伊热夫斯克国立技术大学

Ижевский государственный технический университет имени М.Т. Калашникова

城里的房子

作　　者：B.C. 普拉托娃

作品说明：作者曾住过画中的老房子，他从小就在这栋房子附近散步和玩耍。作者带着些许悲伤，回忆着过去的岁月，并希望把一生中最美好的时光留在记忆里。

选送学校：伊热夫斯克国立技术大学

Городской дом

Автор: B.C. Платова

Описание работы: На картине изображен старый дом, в котором вырос автор. Около этого дома он с детства гулял и играл. Автор с легкой грустью вспоминает прошедшие годы и хочет сохранить в памяти самые приятные моменты жизни.

Университет: Ижевский государственный технический университет имени М.Т. Калашникова

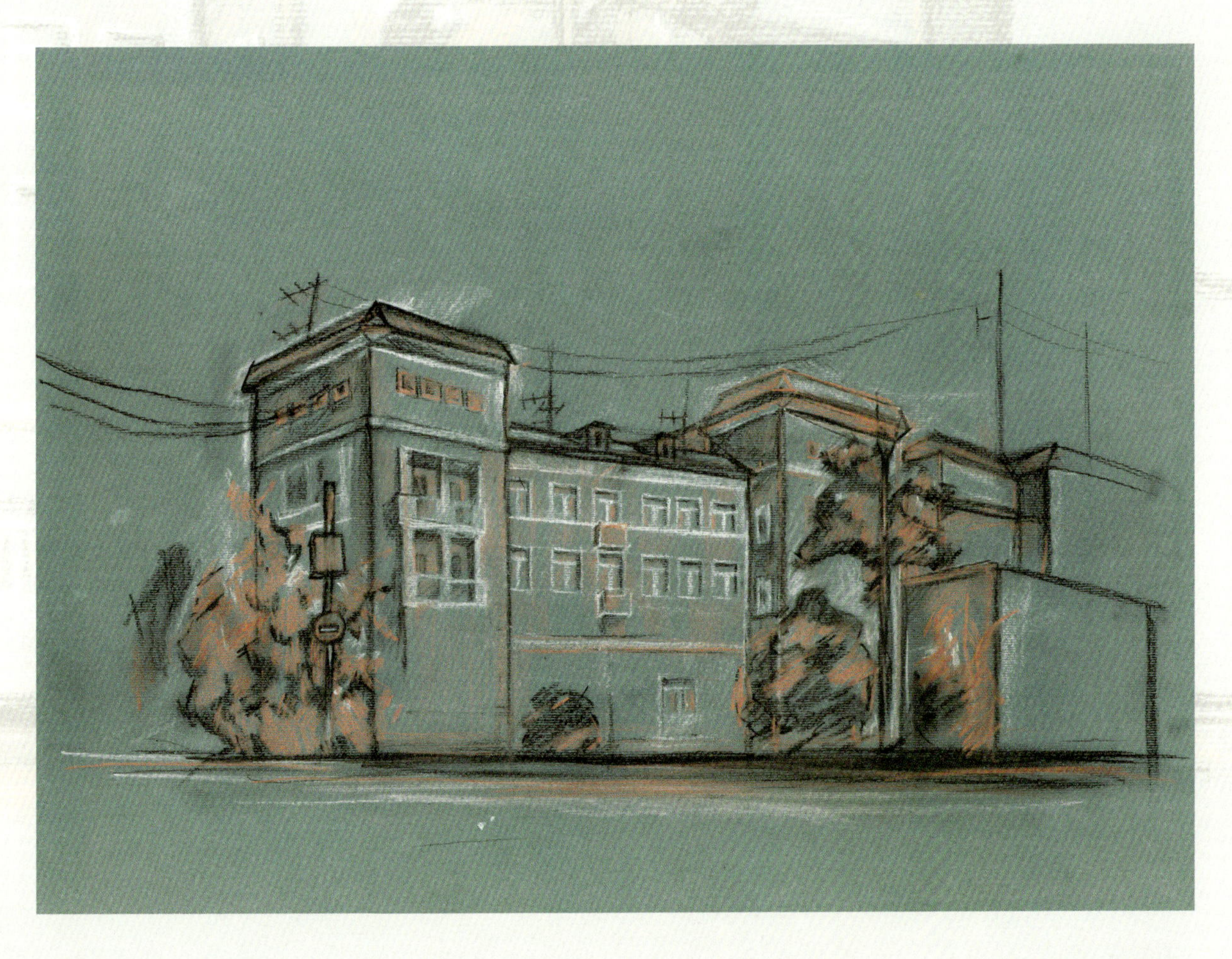

城市主题

作　　者：А.П. 杜列索娃

作品说明：画中展现的是城市景观——省城典型的建筑工地局部图。在施工过程中，新旧技术和新旧材料尽可能结合使用。

选送学校：伊热夫斯克国立技术大学

Городские мотивы

Автор: А.П. Дулесова

Описание работы: На картине изображен фрагмент городского пейзажа с характерными для провинциального города архитектурными постройками, в которых при строительстве попытались соединить старые и новые технологии и материалы.

Университет: Ижевский государственный технический университет имени М.Т. Калашникова

工厂塔楼

作　　者：Д.В. 库瓦耶娃

作品说明：画中展现的是伊热夫斯克机械制造厂（伊热玛什厂）废弃的塔楼，它曾是伊热夫斯克兵工厂的主楼，城市支柱工厂、武器之都的历史就是由此开始的。

选送学校：伊热夫斯克国立技术大学

Заводская башня

Автор: Д.В. Куваева

Описание работы: На картине изображена заброшенная заводская башня Ижмаша, главного корпуса оружейного завода в г. Ижевск — градообразующего завода, с которого началась история оружейной столицы.

Университет: Ижевский государственный технический университет имени М.Т. Калашникова

伊热夫斯克市火车站大楼

作　　者：А.П. 杜列索娃

作品说明：作品展现的是修缮后的火车站，它作为一座漂亮的建筑一直保留在人们的记忆里。作者想借以传达一种对大多数小城火车站来说常有的平静恬淡的心境。

选送学校：伊热夫斯克国立技术大学

Здание железнодорожного вокзала г. Ижевска

Автор: А.П. Дулесова

Описание работы: На картине изображен железнодорожный вокзал после реставрации, запоминающийся интересной архитектурой. Автор хотел передать спокойное и размеренное настроение, которое характерно для большинства вокзалов небольших городов.

Университет: Ижевский государственный технический университет имени М.Т. Калашникова

伊热夫斯克市歌舞剧院

作　　者：M.A. 布雷兹加洛娃

作品说明：作品展现的是歌舞剧院正门入口，该剧院是伊热夫斯克市和乌德穆尔特共和国的文化中心。

选送学校：伊热夫斯克国立技术大学

Здание театра оперы и балета г. Ижевска

Автор: М.А. Брызгалова

Описание работы: На картине изображен главный вход в здание театра оперы и балета, которое является культурным центром города Ижевска и Удмуртской республики.

Университет: Ижевский государственный технический университет имени М.Т. Калашникова

十字路口

作　　者：C.M. 芭洛班诺娃

作品说明：图中所示为位于城市中心交叉道路上的众多类似道路之一。

选送学校：伊热夫斯克国立技术大学

Перекресток

Автор: С.М. Балобанова

Описание работы: На картине изображено одно из множества подобных зданий, расположенных на перекрестках улиц в центральной части города.

Университет: Ижевский государственный технический университет имени М.Т. Калашникова

老 城

作　　者：С.Л. 玛秋什金娜

作品说明：图中所描绘的是在市中心保留下来的几座古老建筑。人们试图维持建筑的原始面貌，以保留文化遗产和对过去的记忆。

选送学校：伊热夫斯克国立技术大学

Старый город

Автор: С.Л. Матюшкина

Описание работы: На картине изображены несколько старинных зданий, сохранившихся в центре города. Здания пытаются сохранить в том виде, в котором они были с начала постройки, с целью сохранения культурного наследия и памяти о прошедших временах.

Университет: Ижевский государственный технический университет имени М.Т. Калашникова

歌舞剧院

作　　者：B.C. 普拉托娃

作品说明：作品展现的是歌舞剧院大楼，该剧院是伊热夫斯克市和乌德穆尔特共和国的文化中心。

选送学校：伊热夫斯克国立技术大学

Театр оперы и балета

Автор: В.С. Платова

Описание работы: На картине изображено здание театра оперы и балета, которое является культурным центром города Ижевска и Удмуртской республики.

Университет: Ижевский государственный технический университет имени М.Т. Калашникова

教 堂

作　　者：С.М. 芭拉班诺娃

作品说明：这座东正教教堂是伊热夫斯克市著名的宗教场所之一。

选送学校：伊热夫斯克国立技术大学

Храм

Автор: С.М. Балобанова

Описание работы: На картине изображен православный храм, одно из известных духовных мест города.

Университет: Ижевский государственный технический университет имени М.Т. Калашникова

教　　堂

作　　者：С.М. 芭拉班诺娃

作品说明：作品中展示的是一座教堂建筑，其建筑风格对于俄罗斯境内的众多类似宗教建筑来说富有代表性。

选送学校：伊热夫斯克国立技术大学

Церковь

Автор: С.М. Балобанова

Описание работы: На картине изображено здание церкви, архитектура которой характерна для многих подобных религиозных сооружений на территории России.

Университет: Ижевский государственный технический университет имени М.Т. Калашникова

教　堂

作　　者：B.A. 纳布乌琳娜

作品说明：图中所描绘的是一座教堂，其建筑风格的特点在于完整性和向上动势，对于俄罗斯境内的众多类似宗教建筑来说同样具有代表性。

选送学校：伊热夫斯克国立技术大学

Церковь

Автор: В.А. Набиулина

Описание работы: На картине изображена церковь, архитектура которой отличается целостностью, стремлением вверх, также характерна для многих подобных религиозных сооружений на территории России.

Университет: Ижевский государственный технический университет имени М.Т. Калашникова

No.9 重庆大学

Чунцинский университет

郊野的秋

作　　者：叶馨、邓宏

作品说明：厌倦了城市的繁华与忙碌，很多人会很向往田园乡村生活。田园生活没有城市那么忙碌，有的只是生活的闲适与惬意。自然、质朴，处处洋溢着浓浓的生活气息……没有什么比在阳光下的蓝天、白云和村落更为和谐美丽的画面了，因为这才是真正简单和纯粹的乡村世界。

选送学校：重庆大学

Деревенская осень

Авторы: Е Синь, Дэн Хун

Описание работы: Устав от городской оживленности и суеты, многие люди стремятся окунуться в сельскую жизнь. Сельская жизнь не такая суетливая как городская, жизнь в деревне связана только со спокойствием и уютом. Природа, простота, повсюду переполнено настоящей живой атмосферой...Нет ничего более гармоничной и красивой картины, чем голубое небо, белые облака и деревня под солнцем, потому что это и есть подлинная простота и чистота сельского мира.

Университет: Чунцинский университет

恒山玄空阁

作　　者：吴冰鑫、邓宏

作品说明：作品以中国青绿山水画的笔墨格法，展现这座人工智慧与大自然完美结合的建筑奇观，在高耸入云的峡谷峭壁上，海市蜃楼般出现一串高低错落、若隐若现的古代庙宇楼阁。它凌空构建，横木为屋，上悬危岩，下临深谷，时越千年，风雨雷电无损于身，匠心独运、巧夺天工，令后人惊叹。

选送学校：重庆大学

Подвесные теремы на горе Хэншань

Авторы: У Бинсинь, Дэн Хун

Описание работы: В работе используется китайский метод рисования зелено-синей пейзажной живописи, отражающее идеальное сочетание неприродной мудрости и мира в чудо-строительстве. Среди рассекающих облака каньонов, виднеются как миражи едва различимые возвышающиеся высоко и низко ряд древних храмов. Они были вознесены высоко на небе, висящие на скале поперечные балки в роли хижины, глубокая долина под низом. За годы тысячелетий ветра и дожди его не сломали, что удивляет будущее поколение своей изобретательностью и мастерством.

Университет: Чунцинский университет

老校区一角

作　　者：付子龙

作品说明：重庆大学老校区任意一个角落都充满生机和活力！

选送学校：重庆大学

Местечко в старом студенческом городке

Автор: Фу Цзылун

Описание работы: Любое местечко в старом университетском городке Чунцинского университета полон жизненной силы!

Университет: Чунцинский университет

重庆大学民主湖

作　　者：谢星杰
作品说明：重庆大学 A 区民主湖自重大建校以来便是一道亮丽的风景。
选送学校：重庆大学

Озеро Миньджу в Чунцинском университете

Автор: Се Синцзе
Описание работы: Озеро Миньджу в районе «А» Чунцинского университета с момента основания университета остается прекрасным пейзажем.
Университет: Чунцинский университет

阳光与倒影

作　　者：陈桥巧

作品说明：本作品创作于2019年春天，在一个阳光明媚的早晨，树木在阳光下的投影摇曳在建筑城规学院风景园林系系馆的墙壁上，而系馆和柳树的倒影在水中泛起波光，同学零零散散地坐着聊天，于是我把这一幕画了下来。

选送学校：重庆大学

Солнечный свет и отражение

Автор: Чэнь Цяоцяо

Описание работы: Эта работа была создана весной 2019 года. Одним солнечным утром, я увидел как тени от деревьев падали на стену корпуса института Архитектуры и градостроительства, отражения здания и ивы сверкали на воде, а вокруг сидя беседовали студенты, и таким образом, я нарисовала эту сцену.

Университет: Чунцинский университет

重庆大学大校门

作　　者：欧阳桦

作品说明：重庆大学大校门修建于 1930 年，全青石结构，折中式风格，形态素雅，中间两立柱上阴刻有时任国民政府主席林森题写的校名。校门最初为双立柱式，后来为了强化校门的视觉效果，在原有校门立柱左右两端各加建了一个形态类似、体量略小的立柱，即现在的四柱式大门，其形态更加庄重、气派。

选送学校：重庆大学

Парадные ворота Чунцинского университета

Автор: Оу Янхуа

Описание работы: Парадные ворота Чунцинского университета были построены в 1930 году. Полностью сооруженный из отделочного камня, в эклектичном стиле, с элегантными формами, на двух колоннах посередине выгравировано название университета, подписанное Линь Сенем, в то время занимавшим пост председателя Национального правительства. Ворота изначально были двухколонными, а позже, чтобы усилить визуальный эффект, к левому и правому концам оригинальной стойки ворот добавили лево-правую колонны с похожей формой и меньшим объемом. Нынешние четырехколонные ворота выглядят еще более величественными.

Университет: Чунцинский университет

秋日印记

作　　者：章彬

作品说明：作品描绘了重庆大学的秋日校园。秋日的阳光穿梭在黄角树之间，斑斑驳驳地映射在红砖墙的老楼上。清扫落叶的工人，堆积的叶片，和老校园一起，安静地谱写一曲秋日赞歌。

选送学校：重庆大学

Следы осенней поры

Автор: Чжан Бинь

Описание работы: Картина была нарисована на осеннем кампусе Чунцинского университета, солнце пропускает свои лучи между деревьями, оставляя пятнистые отражения на стене старого здания из красного кирпича. Работники, убирающие опавшие листья, собирают их вместе и старый студенческий городок в одну кучу, нежно сочиняя оду об осени.

Университет: Чунцинский университет

长墙小径

作　　者：杨古月

作品说明：作品描绘了重庆大学 B 区校园一角。树阴砖墙之间，小径幽深安宁，柔柔地吐露学府的积韵。

选送学校：重庆大学

Тропинка у стены

Автор: Ян Гуюе

Описание работы: На картине изображено местечко студенческого городка района «B» Чунцинского университета. Тропинка спокойно уединенная между тенями, падающими от деревьев и кирпичными стенами нежно повествует об ушедшей истории университета.

Университет: Чунцинский университет

夕阳渝州

作　　者：周恒
作品说明：水彩《夕阳渝州》以老重庆江畔城市鸟瞰作为描绘对象，夕阳下熠熠生辉、纵横交错的道路，层层叠叠的建筑构成音律般的肌理，唤醒人们对巴渝老城的一份记忆。
选送学校：重庆大学

Чунцин на закате

Автор: Чжоу Хэн
Описание работы: Объектом описания является акварельная композиция «Чунцин на закате», вид с высоты птичьего полета на старый город вдоль реки. Сверкающие и пересекающиеся дороги под закатом, нагроможденные постройки подобно узорам, пробуждают воспоминания людей о старом городе Чунцин.
Университет: Чунцинский университет

江水东流

作　　者：张伟

作品说明：俯瞰重庆长江两岸，江水与都市交缠错节后又奔向何方？

选送学校：重庆大学

Поток реки Янцзы на восток

Автор: Чжан Вэй

Описание работы: Виды с птичьего полета на два берега реки Янцзы в городе Чунцин. Куда же мчатся заплетавшись вместе река и город?

Университет: Чунцинский университет

No.10 国家研究型大学－伊尔库茨克国立理工大学

Иркутский национальный исследовательский технический университет

伊尔库茨克瓦姆皮洛夫儿童剧院

作　　者：А.И. 库拉科夫、Е.А. 扎波娃

作品说明：画中展示的是伊尔库茨克市的建筑物——儿童剧院的正面局部。作品采用了水粉画技法。

选送学校：伊尔库茨克国立理工大学

Иркутский областной театр юного зрителя им. А. Вампилова

Авторы: А.И. Кулаков, Е.А. Запова

Описание работы: Представлена архитектура г. Иркутска, часть фасада театра юного зрителя. Работа выполнена в технике «Гуашь».

Университет: Иркутский национальный исследовательский технический университет

格里高利（新凯撒利亚主教）教堂

作　　者：E.E. 斯马林、M.B. 拉吉克

作品说明：画中展示的是伊尔库茨克市的建筑物——格里高利（新凯撒利亚主教）教堂的正面局部。作品采用了水粉画和色粉画的混合技法。

选送学校：伊尔库茨克国立理工大学

Церковь Святого Григория, епископа Неокесарийского

Авторы: Е.Е. Смолин, М.В. Радик

Описание работы: Представлена архитектура г. Иркутска, часть фасада «Церковь Святого Григория, епископа Неокесарийского». Работа выполнена в смешанной технике «Гуашь, пастель».

Университет: Иркутский национальный исследовательский технический университет

系附属医院

作　　者：Е.Е. 斯莫林、И.Н. 扎古季娜

作品说明：画中展示的是伊尔库茨克市的建筑物——系附属医院的正面局部。作品采用了铅笔画的技法。

选送学校：伊尔库茨克国立理工大学

Факультетская клиника

Авторы: Е.Е. Смолин, И.Н. Загузина

Описание работы: Представлена архитектура г. Иркутска, часть фасада факультетской клиники. Работа выполнена в технике «Карандаш».

Университет: Иркутский национальный исследовательский технический университет

眼科诊所

作　　者：A.И. 库拉科夫、E.A. 扎波娃

作品说明：画中展示的是伊尔库茨克市的建筑物——眼科诊所的正面局部。作品采用了水彩画的技法。

选送学校：伊尔库茨克国立理工大学

Клиника глазных болезней

Авторы: А.И. Кулаков, Е.А. Запова

Описание работы: Представлена архитектура г. Иркутска, часть фасада клиники глазных болезней. Работа выполнена в технике «Акварель».

Университет: Иркутский национальный исследовательский технический университет

格里高利（新凯撒利亚主教）教堂

作　　者：А.И. 库拉科夫、Е.А. 扎波娃

作品说明：画中展示的是伊尔库茨克市的建筑物——格里高利（新凯撒利亚主教）教堂的正面局部。这幅作品采用了水粉画技法。

选送学校：伊尔库茨克国立理工大学

Церковь Святого Григория, епископа Неокесарийского

Авторы: А.И. Кулаков, Е.А. Запова

Описание работы: Представлена архитектура г. Иркутска, часть фасада «Церковь Святого Григория, епископа Неокесарийского». Работа выполнена в технике «Гуашь».

Университет: Иркутский национальный исследовательский технический университет

罗马天主教堂

作　　者：А.И. 库拉科夫、М.В. 德拉奇客

作品说明：画中展示的是伊尔库茨克市的建筑物——罗马天主教堂的正面部分以及入口处。作品采用了刮纸技法。

选送学校：伊尔库茨克国立理工大学

Римско-католический костёл

Авторы: А.И. Кулаков, М.В. Радчик

Описание работы: Представлена архитектура г. Иркутска, часть фасада и входной группы Римско-католического костёла. Работа выполнена в технике «Граттаж».

Университет: Иркутский национальный исследовательский технический университет

伊尔库茨克式小庭院

作　　者：А.И. 库拉科夫、А.А. 普列罗夫斯卡娅

作品说明：画中展示的是伊尔库茨克市的建筑物——伊尔库茨克式小庭院及其入口处的局部图。作品采用了马克笔技法。

选送学校：伊尔库茨克国立理工大学

Иркутский дворик

Авторы: А.И. Кулаков, А.А. Преловская

Описание работы: Представлена архитектура г. Иркутска, фрагмент иркутского дворика и входной группы. Работа выполнена в технике «Маркер».

Университет: Иркутский национальный исследовательский технический университет

伊尔库茨克模范剧院（奥赫洛普科夫大剧院）

作　　者：А.И. 库拉科夫、А.Ю. 杜德尼克

作品说明：画中展示的是伊尔库茨克市的建筑物——伊尔库茨克奥赫洛普科夫大剧院正面部分的局部图。作品采用了水粉画技法。

选送学校：伊尔库茨克国立理工大学

Иркутский академический драматический театр им. Н.П. Охлопкова

Авторы: А.И. Кулаков, А.Ю. Дудник

Описание работы: Представлена архитектура г. Иркутска, фрагмент фасада Иркутского академического драматического театра им. Н.П. Охлопкова. Работа выполнена в технике «Гуашь».

Университет: Иркутский национальный исследовательский технический университет

No.11 东南大学

Юго-Восточный университет

东南大学大礼堂

作　　者：王梓琦

作品说明：大礼堂顶部为钢结构穹隆顶，高 34 米，外部如球体状，用青铜薄板覆盖，自然锈蚀的铜绿形成一层保护膜，在灰白色的建筑主体映衬下，显得分外耀眼。球体顶部建有八边形采光窗。这座矗立在校园中心的大礼堂，以其雄伟庄严和别具一格的造型，在众多的校园建筑中独具特色，成为东南大学的标志性建筑之一。

选送学校：东南大学

Парадный зал Юго-Восточного университета

Автор: Ван Цзыци

Описание работы: Верхняя часть актового зала представляет собой стальную конструкцию с куполом высотой 34 метра. С наружи похожа на сферу и покрыта бронзовым листом. Ржавая патина образует защитную плёнку и делает её особенно ослепительной на фоне серо-белой здании. На основе верхушки шара имеется восьмиугольное световое окно. Большой зал в центре кампуса, с его величественной торжественностью и необыкновенной формой уникален среди разных построек многих кампусов, он стал одним из символических зданий Юго-Восточного университета.

Университет: Юго-Восточный университет

东南大学老体育馆

作　　者：董炫旻

作品说明：东南大学老体育馆属校园中最古老的建筑之一。建筑以入口为轴，呈中心对称状，砖木结构，屋面为钢结构组合屋架，同时门廊、楼梯、窗等运用了拥有西方古典建筑风格的构件及要素。这使得整栋建筑既拥有直线线条的几何美感，又突显出一种西方古典的秀美。在四周植被的掩映下，体育馆更流露出了一股浓厚的文艺气息，引得路人驻足、欣赏、赞叹。本作品旨在极力表现老体育馆及周边环境特点的同时，刻画出一种体育精神与人文情怀相互交融的独特校园风貌。

选送学校：东南大学

Старый спортзал Юго-Восточного университета

Автор: Дун Сюаньминь

Описание работы: Старый спортзал Юго-Восточного университета является одним из старейших зданий на территории кампуса. Здание имеет овальный, центрально симметричный вход, с кирпичной и деревянной конструкцией. Крыша представляет собой стальную конструкцию из комбинированных висящих стропил. На крыльце, лестнице и окнах используются элементы в западно-классическом архитектурном стиле. Это позволяет всему зданию не только иметь геометрическую красоту прямых линий, но и подчеркивает некую классическую западную красоту. Окруженный растительностью стадион обладает атмосферой искусства, чем и привлекает прохожих, которые останавливаются, хвалят и восхищаются. Эта работа направлена на то, чтобы изобразить особенности старого спортзала и окружающей ее среды, а также выражает уникальный стиль кампуса, в котором сочетаются спортивный дух и людские настроения.

Университет: Юго-Восточный университет

东南大学大礼堂

作　　者：杨金翎

作品说明：东南大学大礼堂矗立在校园中心，与南大门在同一条中轴线上，以其雄伟庄严和别具一格的造型，在众多校园建筑中独具特色，成为东南大学的标志性建筑之一。

选送学校：东南大学

Парадный зал Юго-Восточного университета

Автор: Ян Цзиньлин

Описание работы: Парадный зал Юго-восточного университета стоит в центре кампуса, на той же оси, что и Южные ворота. Благодаря своему величественному и торжественному стилю, она уникальна среди других построек многих кампусов, и стала одним из символических зданий Юго-восточного университета.

Университет: Юго-Восточный университет

南京长江大桥

作　　者：杨金翎

作品说明：南京长江大桥位于南京市鼓楼区下关和浦口区桥北之间，是长江上第一座由中国自行设计和建造的双层式铁路、公路两用桥梁，在中国桥梁史和世界桥梁史上具有重要意义。它是南京的标志性建筑、江苏的文化符号、中国的辉煌，也是著名景点，被列为新金陵四十八景。

选送学校：东南大学

Нанкинский мост через реку Янцзы

Автор: Ян Цзиньлин

Описание работы: Мост через реку Янцзы в Нанкине расположен между Сягуанем района Гулоу и Цяобэй Гулу района Пукоу города Нанкин. Он является первым мостом с железнодорожной и автомобильной дорогами, спроектированным и построенным в Китае на реке Янцзы, который имеет большое значение в истории строения мостов в Китае и мире. Этот мост — символическое сооружение Нанкина, культурный символ Цзянсу, великолепие Китая, а также достопримечательность, включенный в список 48 новых живописных мест Цзиньлина.

Университет: Юго-Восточный университет

东南大学孟芳图书馆

作　　者：冯春

作品说明：这幅作品为速写，用针管笔绘制，创作时间为 2019 年春天的一个下午，刻画了东南大学的孟芳图书馆。东南大学孟芳图书馆始建于 1902 年，建筑造型为西方古典建筑风格，比例匀称，构图稳实，风格隽雅，是南京地区最为地道的爱奥尼式建筑，极具历史意义和文化意义。

选送学校：东南大学

Библиотека Мэнфан Юго-Восточного университета

Автор: Фэн Чунь

Описание работы: Эта работа была набросана с помощью шприца днем весной 2019 года. Она изображает библиотеку Мэнфана Юго-Восточного университета, которая была основана в 1902 году. Библиотека Мэнфан имеет западно-классический архитектурный стиль — хорошую пропорцию, устойчивую композицию и элегантный стиль. Это самая аутентичная ионическая архитектура в Нанкине, имеющая историческое и культурное значение.

Университет: Юго-Восточный университет

伫

作　　者：赵博韬

作品说明："伫"与绘画内容"柱"同音，古典的西方柱式伫立在中国的土地上，是文化的交融，是审美和审智的交合，俄罗斯文化和中国文化正如同这柱列，彼此自成一体而又通过无数分渠、桥梁互相交织架构，历经岁月洗礼而气韵永驻。

选送学校：东南大学

«Чжу (стоять)»

Автор: Чжао Ботао

Описание работы: «Чжу (стоять)» имеет одно и то же произношение с содержанием живописи «Колонны» (китайское произношение «Чжу»). Классические западные колонны стоят на земле Китая — это смесь культуры, соединение эстетики и форм. Русская и китайская культуры так же как эти колонны — целы и переплетены через многочисленные каналы и мосты, которые через года и месяцы сохранили свои мысли.

Университет: Юго-Восточный университет

中国科学院南京地质古生物研究所大门

作　　者：蒋梦麟

作品说明：该作品描绘的是中国科学院南京地质古生物研究所的建筑。该建筑由杨廷宝设计，为原中央研究院旧址。

选送学校：东南大学

Парадные ворота Нанкинского института геологии и палеонтологии Академии наук Китая

Автор: Цзян Мэнлинь

Описание работы: Эта работа изображает архитектуру Нанкинского института геологии и палеонтологии Китайской академии наук. Здание спроектировано Ян Тинбао, там раньше находился Центральный научно-исследовательский институт.

Университет: Юго-Восточный университет

东南大学老图书馆

作　　者：蒋梦麟

作品说明：作品描绘了前国立中央大学图书馆，现为东南大学四牌楼校区的老建筑，该建筑建于 1924 年。

选送学校：东南大学

Старая библиотека Юго-Восточного университета

Автор: Цзян Мэнлинь

Описание работы: Работа изображает здание, которое раньше было Национальной центральной библиотекой, но сейчас является старым зданием Сыпайлоу в кампусе Юго-Восточного университета, построенный в 1924 году.

Университет: Юго-Восточный университет.

No.12 喀山国家研究型技术大学

Казанский национальный исследовательский технический университет имени А. Н. Туполева – КАИ

喀山市内一景——高尔基公园

作　　者：B.A. 巴甫洛夫

作品说明：喀山市内一景——高尔基公园。

选送学校：喀山国家研究型技术大学

Городской пейзаж парка Горького г. Казань

Автор: В.А. Павлов

Описание работы: Городской пейзаж парка Горького г. Казань

Университет: Казанский национальный исследовательский технический университет имени А.Н. Туполева – КАИ

喀山国家研究型技术大学 8 号楼

作　　者：Е.И. 扎伊涅耶娃

作品说明：喀山国家研究型技术大学 8 号楼是德俄先进技术研究院。该院是一个独特的教育平台，把两国的大学和公司联合起来，培养具有全球工程技能的多语种工程师，鼓励多国共同研究，增进两国文化间的相互理解和友好感情。

选送学校：喀山国家研究型技术大学

8-е здание КНИТУ-КАИ

Автор: Е.И. Зайнеева

Описание работы: Здание No.8 Казанского национального исследовательского технического университета им. А.Н. Туполева – КАИ, в котором располагается Германо-Российский институт новых технологий. Немецко-российский институт передовых технологий — это уникальная образовательная платформа, которая объединяет немецкие и российкие университеты и компании, готовит многоязычных инженеров с глобальными инженерными навыками, поощряет многонациональные исследования и разработки, а также способствует межкультурному взаимопониманию и дружбе между Германией и Россией.

Университет: Казанский национальный исследовательский технический университет имени А.Н. Туполева – КАИ

中俄合作

作　　者：K.P. 萨德莱特基诺娃

作品说明：作品象征着中俄的真挚的友谊、团结一致和文化与历史的同一性。积极乐观，向往和平，传递正能量。

选送学校：喀山国家研究型技术大学

Российско-Китайское сотрудничество

Автор: К.Р. Садретдинова

Описание работы: Портрет символизирует Российско-Китайскую искреннюю дружбу, единение, общность культур и исторических ценностей. Оптимистическое и радостное восприятие мира, наличие положительной энергии.

Университет: Казанский национальный исследовательский технический университет имени А.Н. Туполева – КАИ

翅 膀

作　　者：P.P.吉扎图勒琳娜

作品说明：我们的大部分青春时光都是在大学校园里度过的。对我们而言，大学不仅是学习之所，还是体会酸甜苦辣的地方，同样也离不开交友、创造等等。一般来说，正是读大学的日子让人一生都难以忘怀。画中女孩是我校大学生形象的集中体现——她开心快乐，阳光洒脱，乐观向上。她发自内心地热爱自己的学校，因为它给她带来许许多多幸福的时刻。

选送学校：喀山国家研究型技术大学

Крылья

Автор: Р.Р. Гизатуллина

Описание работы: В юности наибольшую часть времени мы проводим в университете. Для нас это не просто место, это разнообразные эмоции, это друзья, творчество и многое другое. Как правило, именно студенческие дни запоминаются людям на всю жизнь. На этом рисунке изображена девушка, которая является неким собирательным образом студентов моего вуза. Она веселая, яркая, жизнерадостная. Эта девушка любит свой университет всей душой за все те счастливые моменты, что студенчество дарит ей.

Университет: Казанский национальный исследовательский технический университет имени А.Н. Туполева – КАИ

No.13 哈尔滨工程大学

Харбинский инженерный университет

标志性建筑

作　　者：杜忱蒙

作品说明：画中展现了哈尔滨工程大学的标志性建筑。左边的建筑是教学楼，街道上还有来往上课的同学，展现了哈尔滨工程大学的建筑风格。

选送学校：哈尔滨工程大学

Значимые строительства

Автор: Ду Чэньмэн

Описание работы: На картине изображены значимые строительства Харбинского инженерного университета. Здание слева является учебным корпусом, на улице видны студенты, идущие на пары. В данной работе открывается архитектурный стиль Харбинского инженерного университета.

Университет: Харбинский инженерный университет

湖面倒映哈工程体育馆

作　　者：李秀畅
作品说明：作品中展现了湖面倒映的哈工程体育馆。湖面上水波涌动，让倒映在其上的体育馆看起来别有一番风味。
选送学校：哈尔滨工程大学

Отражение на озере спортивного комплекса Харбинского инженерного университета

Автор: Ли Сюйчан
Описание работы: На картине изображено отражение на озере спортивного комплекса Харбинского инженерного университета, и смешанные волны придают особый колорит отражению комплекса.
Университет: Харбинский инженерный университет

建筑设计与景色设计

作　　者：杜忱蒙

作品说明：画中右侧展现了哈尔滨工程大学的主楼，左侧展现了学校的植物景观。建筑设计与景色设计搭配着蓝天的自然设计，实现了良好构图。

选送学校：哈尔滨工程大学

Архитектурный дизайн и ландшафтный дизайн

Автор: Ду Чэньмэн

Описание работы: Справа на картине изображен главный корпус Харбинского инженерного университета, а слева — растительный ландшафт кампуса.Архитектурный дизайн и ландшафтный дизайн сочетаются с естественным дизайном голубого неба, что создает прекрасную композицию.

Университет: Харбинский инженерный университет

哈尔滨工程大学旧体育馆

作　　者：杜忱蒙

作品说明：哈尔滨工程大学的旧体育馆是哈工程内充满历史气息的建筑之一，画中建筑与窗前新发芽的树相得益彰，展现了哈尔滨工程大学的历史景色。

选送学校：哈尔滨工程大学

Старый спортивный комплекс Харбинского инженерного университета

Автор: Ду Чэньмэн

Описание работы: Старый спортивный комлекс Харбинского инженерного университетаодин из построек Харбинского инженерного университета, наполненный исторической атмосферой. Постройка дополняется деревом, недавно выросшим перед окном, тем самым отражая исторический пейзаж Харбинского инженерного университета.

Университет: Харбинский инженерный университет

细绘屋顶

作　　者：杜忱蒙

作品说明：作品中展现了哈尔滨工程大学历史建筑的屋顶。图右边是屋顶的外部轮廓，左边详细地绘画出屋顶的内部结构，展现了充满历史气息的屋顶。

选送学校：哈尔滨工程大学

Верхушка

Автор: Ду Чэньмэн

Описание работы: На картине изображена верхушка исторического здания Харбинского инженерного университета. Справа изображен внешний контур верхушки, слева — внутренняя структура, которые полны историческим «духом».

Университет: Харбинский инженерный университет

细绘屋檐

作　　者：万芒

作品说明：作品中展现了哈尔滨工程大学历史性建筑的屋檐，屋檐的结构稳定，装饰花纹具有浓重的历史气息和文化气息。

选送学校：哈尔滨工程大学

Навес

Автор: Вань Ман

Описание работы: На картине изображен устойчивый навес исторического здания Харбинского инженерного университета, декоративные узоры в котором, придают им сильную историческую и культурную атмосферу.

Университет: Харбинский инженерный университет

空军工程旧址

作　　者：司涵

作品说明：作品描绘了哈尔滨工程大学具有标志性的石台——空军工程旧址。以建筑和树木的搭配为背景，能体现出欣欣向荣的景象。

选送学校：哈尔滨工程大学

Старый военно-воздушного инженерного корпуса

Автор: Сы Хань

Описание работы: На этой картине изображена значимая каменная постройка Харбинского инженерного университета с надписью «Старый военно-воздушный инженерный корпус». Сочетание постройки и деревьев выражает процветание военно-воздушного инженерного корпуса.

Университет: Харбинский инженерный университет

细绘长椅

作　　者：万芒
作品说明：作品展现了哈尔滨工程大学街道旁的长椅，图的右边是长椅的外部轮廓，左边详细地绘出长椅的内部结构，展现了长椅精美的外在装饰。
选送学校：哈尔滨工程大学

Скамейка

Автор: Вань Ман
Описание работы: На картине изображена скамейка на улице Харбинского инженерного университета. На правой части рисунка нарисован внешний контур скамейки, а на левой детально прорисованная внутренняя часть. Данная работа демонстрирует изящную отделку скамейки.
Университет: Харбинский инженерный университет

No.14 MIREA – 俄罗斯技术大学

МИРЭА - Российский технологический университет

莫斯科街道——雨后即景

作　　者：A.E. 阿弗拉缅科

作品说明：莫斯科街景。20 世纪初的现代派建筑是古老的莫斯科街道最典型的特征之一。

这幅水彩画采用浅色调，以此凸显莫斯科街道的整洁干净。这条街道取材于首都的生活中心，所有人都在忙碌着。刚刚下过雨，街道还很干净。这是大学之城，我们的首都——莫斯科。

选送学校：MIREA – 俄罗斯技术大学

Улицы Москвы после дождя

Автор: А.Е. Авраменко

Описание работы: Московский уличный пейзаж. Здания начала 20 века в стиле модерн, являются одной из самых характерных черт улиц старой Москвы.

Светлый колорит этой акварели подчеркивает чистоту московской улицы, выхваченной из самого центра жизни столицы. Все спешат по делам, недавно прошел дождь, улица свежа. Это город университетов, наша столица, Москва.

Университет: МИРЭА - Российский технологический университет

斯摩棱斯克地铁站大厅

作　　者：А.И. 布雷吉娜

作品说明：斯摩棱斯克地铁站是阿尔巴特 - 波克罗夫卡线上的一站，由建筑师 И.Е. 罗任和 Г.П. 亚科夫列夫设计完成，于 1953 年 4 月 5 日启用。

不仅莫斯科地铁站是游览胜地，而且地铁也是世界上最常见的交通工具之一。大学生最喜欢的交通方式就是乘坐地铁，他们每天在上学途中都会走进这些地下宫殿。

地铁站建筑装饰各异，华丽典雅，多种民族传统艺术相互融合，相互交织。

选送学校：MIREA – 俄罗斯技术大学

Вестибюль метро Смоленская

Автор: А.И. Булыгина

Описание работы: По дороге в университет. Станция Смоленская Арбатско-Покровской линии, была спроектирована архитекторами И. Е. Рожиным и Г. П. Яковлевым, и открыта 5 апреля 1953 года.

Московский метрополитен является достопримечательностью и одним из самых красивых видов транспорта во всем мире. Это любимый способ передвижения студентов, которые каждый день по дороге в университет спускаются в эти подземные дворцы.

Красота архитектурного убранстваразных станций сочетает и переплетает в себе символы традиций многих народов.

Университет: МИРЭА - Российский технологический университет

国民经济成就展览馆——第一枚火箭

作　　者：П.В. 戈留诺娃

作品说明：莫斯科国民经济成就展览馆景观。1967 年 7 月 8 日，展览馆院内竖起了“东方号”运载火箭模型，以纪念“伟大的十月社会主义革命”胜利 50 周年。该模型由萨马拉宇宙火箭中心制造，重 25 吨。这幅素描画以我们城市的风景为主题。画中的这枚火箭一直保存在国民经济成就展览馆。这座活着的纪念碑好像腾空而起，飞向苍穹，对全世界来说，“东方号”运载火箭模型已经成为飞速发展和追求知识的象征。

选送学校：MIREA – 俄罗斯技术大学

ВДНХ, первая ракета

Автор: П.В. Горюнова

Описание работы: Городской пейзаж на ВДНХ. Макет ракеты-носителя «Восток» был установлен на ВДНХ 8 июля 1967 года, в честь 50-летия со дня Великой Октябрьской социалистической революции. Макет ракеты «Восток», изготовленный в Самарском ракетно-космическом центре весит 25 тонн. Графическая работа на тему пейзажи нашего города. На рисунке изображена первая ракета, которую сохранили для потомков на территории Выставки Достижений Народного Хозяйства (ВДНХ). В небо, к звездам устремлен этот живой памятник, воспроизводящий макет ракеты-носителя «Восток», ставший для всего мира символом стремительного движения вперед, к знаниям.

Университет: МИРЭА - Российский технологический университет

中国面条

作　　者：M.C. 格里高利耶娃

作品说明：大学宿舍学生生活的场景。只有当我们住过宿舍，而后又回忆起生活中最美好日子的时候，才能对大学生活有充分的认识。

面条是中餐食物的一种，做法独特，有着独一无二的历史和传统，中国人通常在过生日时煮面条。长长的面条是长寿的象征。用传统的民族美食来款待客人对于我们两国大学生之间的跨文化交流至关重要。这幅作品积极乐观，烘托出学生之间的友好关系，并表明在世界任何地方我们都可以建立一个共同的安定家园，在两国人民之间营造出友好祥和的气氛。

选送学校：MIREA－俄罗斯技术大学

Китайская лапша

Автор: М.С. Григорьева

Описание работы: На картине изображен эпизод из жизни студентов в общежитии. Студенческая жизнь познается в полной мере только тогда, когда мы живем в общежитии, и потом вспоминаем об этом, как о лучших моментах в жизни.

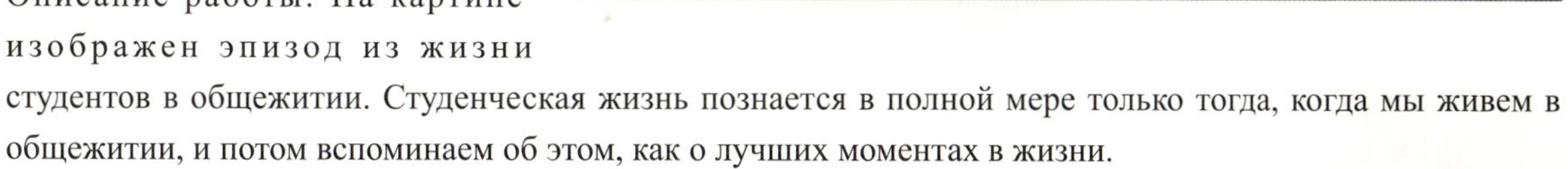

Китайская кухня — это кухня с необычными продуктами, уникальной историей и традициями, ее блюда часто готовят на день рождения. Длинная лапша — это символ долголетия и продолжительности жизни. Угощение традиционными национальными блюдами очень важно для межкультурного взаимодействия студентов наших стран. Жизнерадостный настрой этой работы олицетворяет доброжелательные отношения в студенческой среде и говорит о том, что в любой точке мира мы можем создать общий спокойный дом и дружеский климат в отношениях между нашими народами.

Университет: МИРЭА - Российский технологический университет

秋天的水手桥——斯特洛美卡街 20 号校区的景色

作　　者：Е.П. 德拉古诺娃

作品说明：从教学楼看到的沿岸街和水手桥外景。画中的亚乌扎河水手桥是工程师 Б.Г. 纳乌莫夫和建筑师 Г.Г. 沙霍娃设计的，并于 1956 年竣工。桥的名字与 18 世纪的水手村息息相关，当时这个村子就在附近。画的右边，在莫斯科景色宜人的沿岸街上有一栋教学楼。柔和的秋日、金黄色的树叶和淡紫色的影子，这种景象对我们学校的师生来说再熟悉不过了。从桥上往沿岸街看，映入眼帘的是弯曲的河道和水中天空的倒影，从而给人一种脱离城市喧嚣之感，同时感叹时间的转瞬即逝，让我们想起那些从这条知识之路走过的一代代学生。

　　作品给人一种安静欢快之感，秋天的金色象征着我们两国江山秀丽、爱好和平和雄伟庄严。

选送学校：MIREA – 俄罗斯技术大学

Матросский мост осенью. Кампус университета на улице Стромынка 20

Автор: Е.П. Драгунова

Описание работы: Вид на набережную и Матросский мост со стороны корпуса университета. На пейзаже изображен Матросский мост через реку Яуза, построенный в 1956 году по проекту инженера Б.Г. Наумова и архитектора Г.Г. Шаховой. Название его связано с Матросской слободой, которая находилась рядом в XVIII веке. Справа, на набережной, в историческом месте Москвы расположен один из корпусов университета. Этот пейзаж, полный мягкого осеннего солнца, золотой листвы и лиловых теней, знаком и преподавателям, и студентам нашего университета. Взгляд на набережную с высоты моста охватывает изгибающуюся линию реки и отраженное в воде небо, что создает ощущение отрешенности от суеты города и вместе с тем о причастности к быстротечному времени, а также напоминает о многих поколениях студентов, прошедших по этой дороге знаний.

Работа оставляет ощущение радости и покоя, а золотые краски осени символизируют красоту, миролюбие и величие нашей страны.

Университет: МИРЭА - Российский технологический университет

精彩的捕鱼场景

作　　者：B.A. 杰尼索娃

作品说明：中俄两国的渔民乘坐渔船在远东撒网捕鱼。这幅画以劳动为主题。渔民们都在忙于日常工作，每个人都各司职责。整个构图十分和谐，人物形象栩栩如生。色调鲜艳明亮，以此烘托两种文化的独特性。与此同时，作者通过画中人物的安然神态来说明两国渔民之间的相互支援和相互信任。从画中可以感受到作者对两国之间的友谊充满信心。

选送学校：MIREA – 俄罗斯技术大学

Чудесный улов

Автор: В.А. Денисова

Описание работы: Русские и китайские рыбаки на рыболовецком сейнере на Дальнем Востоке. Основная идея картины — тема труда. Они заняты своими повседневными делами, и каждый знает свои обязанности. Ритмическая организация картины придает внутреннюю динамику фигурам. Яркие и сочные цвета ассоциируются с самобытностью двух культур. При этом спокойные лица героев говорят о взаимовыручке и надежности. От картины исходит ощущение уверенности, проявляющейся в дружбе между двумя странами.

Университет: МИРЭА - Российский технологический университет

国民经济成就展览馆霍万斯基入口的秋天景色

作　　者：E.П. 德拉古诺娃

作品说明：这是位于国民经济成就展览馆的老校区外景。2014—2016 年计算机设计教研室曾设在这个校区。画中是学校的老教学楼，其特点是建筑古雅，轮廓整齐，它的外观就像在莫斯科最美丽自然的公园里的文艺复兴式的宫殿。这座建筑于 1953 年竣工，一开始是全苏农业展览中心的档案馆和图书馆。20 世纪 60 年代初，又成为全苏技术美学科研所的所在地。

金黄的秋叶象征着新学年的开始，而宝贵的知识是我们两国进行文化交流的关键，它们的内在关系相当密切。画中描绘的是一座带有圆柱和拱门的建筑物，能让人联想到教堂的形象，而知识的哲学正是在教堂之中诞生并存续的，通往入口的楼梯则象征着传递给后人的一种精神上的提升。这幅画基调柔和，但颜色鲜艳，营造出一种永恒的和谐感，并成为两个民族文化多样性的象征。

选送学校：MIREA – 俄罗斯技术大学

Хованский вход на ВДНХ осенью

Автор: Е.П. Драгунова

Описание работы: Вид бывшего кампуса университета на ВДНХ, в котором располагалась кафедра компьютерного дизайна с 2014 по 2016 год. На этой картине изображено старое здание корпуса университета, отличающегося классической стройностью архитектурных форм и имеющее вид ренессансного палаццо, расположенного в одном из самых красивых природных парков Москвы. Изначально, здание, построенное в 1953 году, принадлежало архиву и библиотеке Всесоюзной сельскохозяйственной выставке (ВСХВ). В начале 1960-х годов там находился Всесоюзный научно-исследовательский институт технической эстетики (ВНИИТЭ).

Золото осенней листвы символизирует начало учебного года, а ценность знаний является ключом к культурному взаимодействию между двумя нашими странами, их внутренние связи достаточно глубоки. На картине запечатлено здание с колоннами и арками, напоминающее образ храма, в котором рождается и живет философия знаний. Лестница, ведущая ко входу, символизирует духовный рост, передаваемый последующим поколениям. Общий настрой картины, построенный на мягких, но сочных красках создает ощущение вечной гармонии и является символом национального разнообразия двух культур.

Университет: МИРЭА - Российский технологический университет

在大学宿舍里饮茶

作　　者：С.С. 科诺娃

作品说明：在俄罗斯留学的中国学生逐年增多。鉴于双边合作不断深化，急需培养优秀人才，两国政府正致力于进一步发展密切的伙伴关系。

在大学宿舍可以接触到各种传统。喜欢喝中国茶是我们两国的共同之处，同时也愿意融合各种饮茶传统。

例如，在室内，只要一杯茶就能擦出友情的火花，并对两个民族独特的文化和民间习俗产生好感。画中的两个女孩低头讨论书的内容，作者以此营造出一种相互信任、相互尊重和相互理解的氛围。这幅画粉蓝组合，色调柔和，不刺眼，给我们带来一种豁然开朗的感觉——和谐、宁静和温暖。

选送学校：MIREA – 俄罗斯技术大学

Чаепитие в студенческом общежитии

Автор: С.С. Конова

Описание работы: С каждым годом в России обучаются все больше китайских студентов. С учетом интенсивного двустороннего сотрудничества, порождающего потребность в хорошо подготовленных кадрах, правительства обоих государств и в дальнейшем настроены на развитие тесного партнерства.

В студенческом общежитии соприкасаются самые разные традиции. Любовь к китайскому чаю является общей для наших стран и соединяет в себе разные традиции чаепития.

Так, в камерной обстановке за чашкой чая складывается дружба и симпатия к самобытной культуре и обычаям наших народов. Склоненные головы девушек, обсуждающих содержание книги, создают настроение доверия, уважения и взаимопонимания. Нежный и спокойный колорит картины, построенный на сочетаниях розового и голубого, вносит просветленное ощущение гармонии, равновесия и тепла.

Университет: МИРЭА - Российский технологический университет

俄罗斯技术大学主楼及其周边景色

作　　者：M.A. 克雷科娃

作品说明：韦尔纳茨基大街的校区。该校区位于韦尔纳茨基大街 78 号，距离西南地铁站 600 米。画中的综合体建筑于 1980 年建成完工，总建筑面积超过 12 万平方米。A 楼是主教学楼，共有 14 个大教室，Б 楼、В 楼和 Г 楼是各院的教学楼，Д 楼是行政楼，还有科技图书馆、综合体育馆和大礼堂，这些构成综合体建筑的主体部分。学生人均教学面积约 15 平方米。

这幅作品展现的是俄罗斯技术大学主楼周边的景色。学校大楼属于结构主义建筑，并与标准的住宅楼形成强烈反差。这些建筑看似简单，但其设计实际上都是经过周密考虑的。画中的三幅建筑图从不同程度刻画了建筑的外观：有通道相连的教学楼、市内建筑和远景建筑，其中每幅图的色彩分布都具有象征意义，主图是鲜艳明亮的蓝天，旁边的两幅图是柔美淡雅、平静祥和的浅紫色，从而烘托出一种和谐的氛围。我校的学生在这里学习和生活。

选送学校：MIREA – 俄罗斯技术大学

Главное здание МИРЭА и окрестности

Автор: М.А. Клыкова

Описание работы: Студенческий городок на проспекте Вернадского. Кампус Университета , на проспекте Вернадского, 78, находится в 600 метрах от станции метро «Юго-западная». Комплекс зданий был построен в 1980 году. Общая площадь комплекса – более 120000 кв.м. Основу комплекса составляют главный корпус А, в котором располагаются 14 лекционных аудиторий, корпуса институтов (Б, В, Г), административный корпус Д, здание научно-технической библиотеки, спорткомплекс и конференц-зал. На одного студента в среднем приходится около 15 кв.м учебной площади.

На этой картине изображены окрестности главного здания РТУ МИРЭА. Строгие черты конструктивизма кампуса университета контрастно читаются на фоне стандартных жилых домов. Здания обладают кажущейся простотой, но на самом деле они хорошо продуманы. Разные ракурсы на архитектуру, позволяют с разной степенью документальности зафиксировать их облик: корпуса, соединенные переходом, в среде городской застройки, и в перспективе удаленных объектов. Символично распределение цвета в каждой части триптиха, яркое ясное голубое небо в центральной части работы и нежные, поддерживающие, успокаивающие сиреневые оттенки в боковых частях создают гармоничную атмосферу. Здесь учатся и живут наши студенты.

Университет: МИРЭА - Российский технологический университет

莫斯科摩天大楼

作　　者：E.C. 迈拉斯洛娃

作品说明：20 世纪 90 年代莫斯科的新建筑景观。许多国家的建筑师都在设想用传统的钢筋混凝土、玻璃和金属结构的复合材料来建造摩天大楼。在城市空地短缺的条件下，在莫斯科建造高楼大厦还是很有发展前景的。新建筑外形奇异怪诞，色彩不自然而且反差大，线条僵硬死板，这一切都象征着大都市的生活节奏，既不同寻常又令人印象深刻。太阳从城市上空升起，照亮了新建筑。在阳光下，这些建筑看上去有点梦幻的感觉。

选送学校：MIREA – 俄罗斯技术大学

Небоскребы Москвы

Автор: Е.С. Майраслова

Описание работы: Пейзаж московских новостроек 1990-х годов. Идея строительства небоскребов из традиционного железобетона, стекла и композитных материалов с металлическими конструкциями, притягивает архитекторов многих стран. Высотные здания в Москве выделены как перспективный тип сооружений в условиях дефицита свободных городских пространств. Гротескный образ новостроек, напряженный, контрастный колорит, строгая графика работы символизируют ритм большого города - мегаполиса, необычный и впечатляющий. Восходящее над городом солнце освещает новые постройки, которые на его фоне выглядят почти фантастически.

Университет: МИРЭА - Российский технологический университет

同班同学

作　　者：Г.А. 尼基京

作品说明：图画背景是 1980 年建成的学校主楼。这是一幅素描画，画中有两名同学从学校主楼走出来了。黑白配色并不影响人们去捕捉作者的情节构思。两个刚下课的年轻人谈话热烈，看得出来，他们彼此十分了解。语言上的差异并不会妨碍他们进行生动的对话。因为语言毕竟不是我们在大学里学到的某个抽象物质，而是内在精神文化的表现。画的右边非常空旷，作者以此表明，在这个浩瀚的世界里有两个朋友很想待在一起，而且两个国家也将走得很近。

选送学校：MIREA - 俄罗斯科技大学

Одногрупники

Автор: Г.А.Никитин

Описание работы: Главный корпус университета построенный в 1980 году. На графическом листе изображены студенты, идущие из главного корпуса университета. Черно-белое решение не мешает уловить замысел сюжета. Оживленная беседа говорит о том, что молодые люди, возвращающиеся с занятий, хорошо понимают друг друга. Языковые различия не мешают их живому диалогу. Ведь язык — это не какая-то абстрактная субстанция, которой нас учат в университете, язык — это выразитель внутренней духовной культуры. Незаполненное пространство справа, говорит о том, что в большом мире друзьям хочется быть рядом и наши страны всегда будут близки.

Университет: МИРЭА - Российский технологический университет

晨雪——莫斯科圣三一教堂

作　　者：B.И. 费多罗娃

作品说明：亚乌扎门附近的城市风光。古老的圣三一大教堂于1613年建成完工，它属于历史建筑遗产。该作品使用了有色纸和软性材料，以凸显周围冬景的原生态和安静祥和。教堂作为构图的主体部分，往深处延伸，而两侧的树干环绕着它，仿佛在守护着教堂的圣洁之美。落雪形成一层空气帐幕，使画中空间十分和谐，从而赋予作品一种永恒的情境，仿佛在对我们说“过去是这样……现在是这样……将来还是这样”。

选送学校：MIREA – 俄罗斯技术大学

Ранний снег. Троицкий храм в Москве

ФИО: В.И. Федорова

Описание работы: Городской пейзаж в районе Яузских ворот. На листе изображен старинный храм Троицы Живоначальной, построенный в 1613 году и отсылающий к архитектурному наследию прошлого. Тонированная бумага и мягкие материалы, в которых выполнено это произведение, подчеркивают первозданность и умиротворенность окружающего зимнего пейзажа. Храм, являющийся композиционной доминантой и одновременно отодвинутый в глубину, обрамлен стволами деревьев, словно охраняющими его святую красоту. Падающий снег создает воздушную завесу, гармонизирует пространство листа и придает работе вневременной контекст, как бы говоря нам «так было… , так есть…и так будет…»

Университет: МИРЭА - Российский технологический университет

黄色琉璃瓦

作　　者：B.B. 谢奇金

作品说明：中国美术馆位于北京市，始建于 1958 年，竣工于 1962 年。它是中国唯一的国家造型艺术博物馆。2017 年我来北京参加在中俄文化中心举办的展览，这幅作品就是当时的写生画。通过明亮的光线，博物馆（正面图）凸显出鲜明的中式建筑风格。博物馆大楼为仿古阁楼式，黄色琉璃瓦屋顶，四周廊榭围绕。作品色彩鲜艳，内含一种平衡感，可作为中俄两国开启历史文化对话的象征。

选送学校：MIREA – 俄罗斯技术大学

Оранжевые черепицы

Автор: В.В. Шечкин

Описание работы: На картине изображен Национальный музей изобразительных искусств Китая в Пекине, построенный в 1958—1962гг.. Картина написана с натуры в 2017 г. во время поездки в Пекин в рамках проведения выставки в Русско-китайском культурном центре. Ярко освещенный светом фасад музея зафиксировал образ китайского архитектурного стиля. Горизонтальный аттик, крыша и верхняя часть здания украшенная желтой черепицей и покрытая глазурью декорируют внешний облик музея. При активной и сочной цветовой гамме, работа производит ощущение равновесия и является символом дружбы между нашими странами, открытыми к историко-культурному диалогу.

Университет: МИРЭА - Российский технологический университет

No.15 黑河学院

Хэйхэский университет

北方之钥

作　　者：王莹、王佳音、魏朝阳

作品说明：作品主要描绘了黑河学院的一景，画幅中的钥匙具有典型的象征意义，象征着打开两岸文化交流的钥匙。采用传统的构图方式，矗立的钥匙以及方形的大楼给人威严之感，同时又利用树的多变外形，让画面显得和谐统一。色彩上，采用了鲜艳靓丽的颜色，象征着两国文化的多姿多彩。整幅作品给人和谐安静的感觉，也象征着两国的友谊。

选送学校：黑河学院

Ключ Северного края

Авторы: Ван Ин, Ван Цзяин, Вэй Чаоян

Описание работы: На этой картине главным образом изображен Хэйхэский университет, ключ на картине имеет символическое значение и олицетворяет ключ к открытию культурных обменов между двумя сторонами. На картине использован традиционный метод композиции, ключ и квадратной формы здание передают чувство величия, в то время разнообразные формы дерева создают гармонию и единство. Что касается цветов, используются яркие и красивые цвета, символизирующие яркий колорит культур двух стран. Вся работа дает ощущение гармонии и покоя, а также символизирует дружбу между двумя странами.

Университет: Хэйхэский университет

晨　　曲

作　　者：任莉莉、田星丽、黄倩

作品说明：本作品构图精妙完美，画锋所及，无一多余。在色彩处理上运用了深沉的灰色调。整个画面由远而近，在统一色调中求变化，以树丛、建筑、街道构成了深远宁静的晨色。

选送学校：黑河学院

Песнь о рассвете

Авторы: Жэнь Лили, Тянь Синли, Хуан Цянь

Описание работы: Композиция этой работы изысканна и совершенна, и в ней нет ничего лишнего. При обработке цвета используется глубокий серый тон. Эта картина в зависимости от угла зрения меняет оттенок. Деревья, здания и улицы образуют глубокий и мирный цвет утра.

Университет: Хэйхэский университет

初秋印象

作　　者：黄倩、任莉莉、田星丽

作品说明：本作品主要描绘位于中俄边境的城市黑河。作者通过形象直观的图形符号传递异域风光的建筑特点。作者在构思过程中选用俄式建筑来反映中俄文化的特点，在绘画时采用“十”字构图方法，运用颜色的呼应协调画面，以及水彩画水色淋漓的特点，来展现北方的异域风光。

选送学校：黑河学院

Впечатление от ранней осени

Авторы: Хуан Цянь, Жэнь Лили, Тянь Синли

Описание работы: Эта работа, главным образом, показывает город Хэйхэ на границе между Китаем и Россией. Автор передает архитектурные особенности экзотического пейзажа с помощью символических образов, В процессе размышления над идеей произведения, автор выбрал русскую архитектуру, отражая в нем особенности китайской и русской культуры. Автор использует такой композиционный прием, как «кресты», а также перекликающиеся цвета, автор гармонирует кадры, использует акварельную краску, демонстрирует экзотические пейзажи северного края.

Университет: Хэйхэский университет

繁　枝

作　　者：刘权超、李昕、邱金达

作品说明：本作品描绘的是北方初冬时节校园一角的景象，作者为表现冬季的寒冷寂静，把画面大部分的颜色设计成白色，又用一些树枝作为点缀，安静中又添加了不少生机。画面中以垂直线条为主。垂直线在人们的心里是符号化象征，能充分展示景物的高大和深度。本幅作品展现了作者平静的表面下充满悸动的内心。

选送学校：黑河学院

Зимние ветки

Авторы: Лю Цюаньчао, Ли Синь, Цю Цзинда

Описание работы: На этой картине изображено местечко в кампусе в начале зимнего сезона северной части Китая. Автор отразил холод и тишину зимы, большая часть рисунка выполнена в белом цвете. И ветви деревьев в роли украшений, добавляют в тишину много бодрости. На картине доминируют вертикальные линии. Эти линии являются чем-то символическим в сердцах людей, которые могут показать величие и глубину в этом пейзаже. Картина отражает трепещущее сердце автора под спокойным настроением.

Университет: Хэйхэский университет

帷　　幕

作　　者：李昕、杨卓、王佳音

作品说明：本作品表现了清晨第一缕阳光拉开了两岸的帷幕。运用色彩的明度如黄、蓝、紫等颜色之间的碰撞，增加了画面的生机，同时也具有和谐之感。画面中央运用亮光的表达方式，再使其融入整幅画面中，使作品更具有稳定性，同时也更能吸引观赏者的视线。画面运用水平构图使画面更具稳定性，在画面的两侧布置主要建筑物，通过左右的虚实变化来展现江边深远的景象。作品运用色彩的碰撞展现了一江两岸安静和谐的景象。

选送学校：黑河学院

Занавес

Авторы:Ли Синь, Ян Чжуо, Ван Цзяинь

Описание работы: Эта работа показывает, как утром первые солнечные лучи открывают «занавес» с обоих берегов. На картине использованы столкновения между такими цветами как желтый, синий, фиолетовый и другими, которые прибавили бодрость и гармонию. В центре картины имеется ярко выраженный свет, который затем интегрируется на всю картину, делая работу более выдержанной и привлекательной для зрителей. На изображении используется горизонтальная композиция, для того чтобы она стала более выдержанной. По обеим сторонам расположены ключевые здания, по левой и правой были изменены детали, что отражает глубокий образ реки. Использование цветных столкновений в работе показывает тихую и гармоничную сцену по обе стороны реки.

Университет: Хэйхэский университет

一江两岸

作　　者：杨卓、任莉莉、李昕

作品说明：本作品描绘了黑龙江两岸的别样风情。作者采用了俯视的角度来表现一江两岸的宏大场面。作品采用了水平线构图，中间高耸的建筑担负着突出主题、吸引视线、简化杂乱、均衡和谐画面的作用。画面的构图也直接反映了作者对事物的认识和感情。细节刻画、冷暖色调冲突融合在一张画中，气韵生动。画面由一江分割两岸表现不同的建筑文化，蓝灰色调给人安宁和谐之感，也象征着两国的和谐友好。

选送学校：黑河学院

Одна река – два берега

Авторы: Ян Чжуо, Жэнь Лили, Ли Синь

Описание работы: Эта работа описывает особую атмосферу обоих берегов реки Амур. Автор с высоты птичьего полета изобразил эпичный пейзаж на двух берегах реки. В композиции используются горизонтальные линии, возвышенность по середине является основным сюжетом, притягивает взоры, упрощает беспорядок, создавая сбалансированную гармонию картины. Композиция картины также напрямую отражает связь автора с элементами композиции. Детали, столкновение теплых и холодных тонов объединены в одну картину и придают живую атмосферу. Композиция разделена рекой, на два берега, которая выражает различные архитектурные культуры. Сине-серые тона передают ощущение спокойствия и гармонии, а также символизируют умиротворение и дружбу между двумя странами.

Университет: Хэйхэский университет

雨后的校园

作　　者：赵莹、马悦、任莉莉

作品说明：本作品描绘了雨后的美术楼。屹立的大楼给人一种庄严的既视感，楼前以及旁边变化多端、身姿摇曳的花草树木让整幅作品充满了灵动感和韵律感。色彩上，大面积的深蓝调搭配着轻松明快的暖色调，让整个画面轻松愉悦。蓝灰色色调将雨后清新之感展现得淋漓尽致。水彩独有的透明轻快使整幅画面更具灵动性。冷暖色调的对比、楼前的重色调中采用“留白”的技法，让整个画面层次感更加丰富。整个作品虚实相生，冷暖搭配，充分展现了美丽整洁的校园一角。

选送学校：黑河学院

Студенческий городок после дождя

Авторы: Чжао Ин, Ма Юе, Жэнь Лили

Описание работы: На этой картине изображен Художественный корпус после дождя. Непоколебимое как утес здание передает людям чувство величия. На передней и боковой сторонах были изменения — покачивающиеся цветы и деревья предавали динамику в атмосферу картины, вся композиция наполнена мелодией. Что касается цвета, в большей части темно-синий цвет сочетается со светлыми и яркими теплыми цветами, что делает всю картину легкой и приятной. Сине-серый оттенок до мельчайших мелочей подчеркивает свежесть после дождя. Легкость нанесения красок делают всю картину более динамичной. Контраст теплых и холодных тонов и техника «Любай» в тяжелых тонах, использованная перед зданием, делают всю картину более насыщенной. Вся работа представляет пустоту и истину, сочетание теплого и холодного, отражая прекрасное местечко студенческого городка.

Университет: Хэйхэский университет

筑　　路

作　　者：迟慧鑫、马悦、魏召阳

作品说明：本作品描绘了连接着中俄两岸的桥梁。作者从仰视的角度描绘了这座桥，给人以宏伟高大的感觉。这座桥梁不仅连接着两国的文化、经济之路，同时正在施工的桥梁给人留下联想，也预示着两国友谊能够源远流长。作品在色彩上主要采用灰色调以及重色调，画面层次分明；浅色调让原本厚重的深蓝色调明快起来，使画面显得更加精彩；大面积的深色调给人一种厚重的感觉，就像中俄两国的浓厚情谊。整个作品无论是构图还是色彩无不充分凸显两国深远而又长久的友谊。

选送学校：黑河学院

Строительство дороги

Авторы: Чи Хуйсинь, Ма Юэ, Вэй Чжаоян

Описание работы: На этой картине изображен мост, соединяющий Китай и Россию. Автор изображает мост с разных углов, что передает чувство гордости. Этот мост является не только связующим звеном между культурой и экономикой двух стран, но и напоминает, что дружба между двумя странами может продолжаться в долгую историю. В работе в основном используются серые и тяжелые тона, четко разделены кадры, бледные тона меняют изначально густые синие тона в более колоритные, которые делают картину еще более яркой. Глубокие тона дают ощущение преданности, что и показывает крепкую дружбу между Китаем и Россией. Несмотря на недостатки цветов в композиции, в картине ярко показана крепкая и длинною в жизнь дружба.

Университет: Хэйхэский университет

纵观一角

作　　者：田星丽、赵莹、马悦
作品说明：整幅画以紫灰的冷色调为主。从色调上给人以稳重的、有气势的视觉感受。从大门拍摄地选用全程俯视角度，纵观校园一角。从教学楼到俄语楼，到处都是学校文化的体现。画中笔触有大有小、由近及远，颜色由深到浅，画面气氛安静且有分量。画面疏密有致，点线在画面中活跃着氛围，丰富着内容。
选送学校：黑河学院

Взор на одно местечко

Авторы: Тянь Синли, Чжао Ин, Ма Юе
Описание работы: В картине преобладают прохладные тона пурпурно-серого цвета. Эти тона передают ощущение силы. От парадных ворот до конца, с высоты птичьего полета бросаем взор на одно местечко в студенческом городке. От учебного корпуса до корпуса Русского языка, везде выражена культура университета. Штрихи на картине разные — мелкие и большие, от ближних к дальним, от темных к светлым, атмосфера тихая и тяжелая. Изображение частое и редкое, пунктирные линии оживляют атмосферу и обогащают содержание рисунка.
Университет: Хэйхэский университет

No.16 国家研究型莫斯科国立建筑大学

Национальный исследовательский Московский государственный строительный университет

艺术系大楼——访问清华大学期间所作

作　　者：E.A. 卡尔波娃

作品说明：2019 年 10 月，我到清华大学交流访问，当时那里正在举办“从洛桑到北京”国际展览会，我有幸代表俄罗斯和莫斯科参展。由于想起这次旅行以及中国同行的热情接待，我创作了这幅作品。这是清华大学艺术系大楼和带有雕像的游泳池。

选送学校：国家研究型莫斯科国立建筑大学

Визит в Университет Цинхуа в Пекине. Здание факультета искусств

Автор: Е.А. Карпова

Описание работы: В октябре 2019 года я побывала с визитом в Университете Цинхуа в г.Пекине, где проходила международная выставка «Из Лозанны в Пекин», на которой мне посчастливилось представлять Россию и Москву. Работа создана по воспоминаниям об этой поездке и о теплом приеме, который нам оказали китайские коллеги. Это бассейн со скульптурой и здание факультета искусств Университета Цинхуа.

Университет: Национальный исследовательский Московский государственный строительный университет

莫斯科大剧院

作　　者：И.А. 斯特鲁琴科

作品说明：对于每个莫斯科人来说，大剧院不仅是地标性建筑，而且在国外也成为俄罗斯歌剧和芭蕾舞的国家“名片”。大剧院建成于 19 世纪 20 年代，在 1812 年与拿破仑进行的俄罗斯卫国战争之后，建筑师是奥西普·波维。它是俄罗斯古典主义建筑的典范和俄罗斯文化遗产。几年前，大剧院完成了重建和修缮工作。

选送学校：国家研究型莫斯科国立建筑大学

Большой театр в Москве

Автор: И.А. Струченко

Описание работы: Здание Большого театра в Москве — знаковое место не только для каждого москвича, но и за рубежом оно стало брендом России в области русской оперы и балета. Здание было построено в 20-е годы XIX века после Отечественной войны с Наполеоном 1812 года архитектором Осипом Бове. Оно представляет собой образец русской архитектуры эпохи классицизма и является объектом культурного наследия России. Несколько лет назад здание Большого театра было реконструировано и реставрировано.

Университет: Национальный исследовательский Московский государственный строительный университет

国家研究型莫斯科国立建筑大学图书馆前厅

作　　者：B.A. 阿科皮扬

作品说明：这是国家研究型莫斯科国立建筑大学图书馆前厅，它的后面是图书馆阅览室。这个前厅宽敞明亮，我校学生喜欢课余时间来这儿看书、温习功课。建筑教研室的学生经常在前厅写生。

选送学校：国家研究型莫斯科国立建筑大学

Холл Университета (МГСУ)

Автор: В.А. Акопян

Описание работы: На работе изображен один из холлов здания Национального исследовательского Московского государственного строительного университета. Холл расположен перед читальным залом библиотеки. Это светлое просторное помещение, в котором любят проводить время студенты нашего университета, читать, готовиться к лекциям. Студенты кафедры «Архитектура» часто делают здесь зарисовки с натуры.

Университет: Национальный исследовательский Московский государственный строительный университет

国家研究型莫斯科国立建筑大学主楼正厅

作　　者：Н.А. 列别捷夫

作品说明：国家研究型莫斯科国立建筑大学主楼正厅可兼做展厅使用。建筑教研室的学生经常在这里展出自己最优秀的课程作业和有创意的作品。

选送学校：国家研究型莫斯科国立建筑大学

Атриум в Университете (МГСУ)

Автор: Н.А. Лебедев

Описание работы: Атриум в здании Национального исследовательского Московского государственного строительного университета является одновременно выставочным пространством. Студенты кафедры «Архитектура» выставляют здесь свои лучшие курсовые и творческие работы.

Университет: Национальный исследовательский Московский государственный строительный университет

国家研究型莫斯科国立建筑大学主楼楼梯

作　　者：A.B. 索罗丘克

作品说明：国家研究型莫斯科国立建筑大学是建筑类高校国际联合会的领头羊。这幅作品展现的是国家研究型莫斯科国立建筑大学主楼正厅的楼梯。它从大门入口通向二楼的教学区和教室。主楼正厅是 20 世纪下半叶建筑内部装饰的典范。

选送学校：国家研究型莫斯科国立建筑大学

Лестница в Университете (МГСУ)

Автор: А.В. Сорочук

Описание работы: НИУ МГСУ — головной вуз Международной Ассоциации строительных высших учебных заведений. На графическом листе изображена лестница вестибюля в здании Национального исследовательского Московского государственного строительного университета. Она ведет от центрального входа на второй этаж к учебным корпусам и аудиториям.Вестибюль является примером архитектурного интерьера второй половины XX века.

Университет: Национальный исследовательский Московский государственный строительный университет

远眺莫斯科国际商务中心

作　　者：E.C. 亚缅斯科娃

作品说明：博格丹赫梅利尼茨基桥连接莫斯科河两岸的罗斯托夫沿岸街和别列日科夫沿岸街（旁边是基辅火车站）。该桥为步行桥，建成于 2001 年，设计师是 E. 加蓬采娃。从桥上可以欣赏莫斯科的美景，特别是莫斯科国际商务中心大楼。

选送学校：国家研究型莫斯科国立建筑大学

Вид на Москва-сити

Автор: Е.С. Яменскова

Описание работы: Мост Богдана Хмельницкого соединяет набережные Москвы-реки — Ростовскую и Бережковскую — расположенные неподалеку от Киевского вокзала. Построен в 2001 году по проекту Е. Гапонцева. Мост является пешеходным, с него открываются красивые виды на Москву, в том числе, на международный деловой центр «Москва-сити».

Университет: Национальный исследовательский Московский государственный строительный университет

莫斯科街景

作　　者：A.C. 菲力申

作品说明：莫斯科正在发展成为现代化大都市，但是莫斯科人却喜欢那些保留历史建筑的老城区。作品展现的是米亚斯尼茨卡亚大街和奇斯托普鲁德内林荫道交叉路口，那里有许多19世纪的建筑。在那里经常可以遇见一些正在作画的画家、摄影师和古迹爱好者。

选送学校：国家研究型莫斯科国立建筑大学

Улица Москвы

Автор: А.С. Фильшин

Описание работы: Москва растет и развивается как современный город. Но москвичи любят старые районы, где сохранилась историческая застройка. На работе изображен перекресток в районе Мясницкой улицы и Чистопрудного бульвара, где стоят дома XIX века. Здесь часто можно встретить рисующих художников, фотографов и любителей старины.

Университет: Национальный исследовательский Московский государственный строительный университет

莫斯科市科洛缅斯科耶自然保护区内的耶稣升天大教堂

作　　者：A.O. 布坚科

作品说明：耶稣升天大教堂位于莫斯科市科洛缅斯科耶自然保护区（国家博物馆），建成于 16 世纪上半叶。它是独一无二的建筑丰碑，作为俄罗斯第一座石结构幕式教堂，被联合国教科文组织列为世界文化遗产。有一种最普遍的说法，这座教堂是为纪念沙皇伊凡雷帝而建造的。

选送学校：国家研究型莫斯科国立建筑大学

Москва. Церковь Вознесения в Коломенском

Автор: А.О. Бутенко

Описание работы: Церковь Вознесения в государственном музее-заповеднике Коломенскоев г. Москве построена в первой трети XVI в. Она считается уникальным памятником архитектуры — первым каменным шатровым храмом на Руси и включена в Список Всемирного наследия ЮНЕСКО. Наиболее распространенная версия строительства гласит, что храм был построен в честь рождения царя Ивана IV Грозного.

Университет: Национальный исследовательский Московский государственный строительный университет

莫斯科市科洛缅斯科耶文物保护区（国家博物馆）

作　　者：B.E. 阿列申娜

作品说明：科洛缅斯科耶文物保护区（国家博物馆）是莫斯科人非常熟悉和喜爱的地方。大门位于耶稣升天广场西侧，对面是耶稣升天大教堂。它曾是保留下来的皇家庄园的院门，建成于17世纪，是为沙皇阿列克谢·米哈伊洛维奇·罗曼诺夫而建造的，现为国家级保护建筑。

选送学校：国家研究型莫斯科国立建筑大学

Москва. Заповедник Коломенское (государственный музей)

Автор: В.Е. Алешина

Описание работы: Известное и любимое место москвичей —государственный музей-заповедник Коломенское. Передние ворота — сохранившиеся главные ворота Государева двора. Они построены в XVII веке для царя Алексея Михайловича Романова, расположены на западной стороне Вознесенской площади, напротив церкви Вознесения. Сооружение является памятником архитектуры Федерального значения.

Университет: Национальный исследовательский Московский государственный строительный университет

建筑教研室的绘画工作室

作　　者：П.В. 米罗诺娃

作品说明：建筑教研室的绘画工作室位于国家研究型莫斯科国立建筑大学主楼，学生在这里绘画和写生。这幅作品是工作室教学实物布置局部图。

选送学校：国家研究型莫斯科国立建筑大学

В художественной мастерской кафедры Архитектуры

Автор: П.В. Миронова

Описание работы: Мастерская по творческим дисциплинам кафедры «Архитектура» в здании Национального исследовательского Московского государственного строительного университета. Здесь студенты занимаются рисунком и живописью. На картине изображен фрагмент интерьера мастерской с учебной натурной постановкой.

Университет: Национальный исследовательский Московский государственный строительный университет

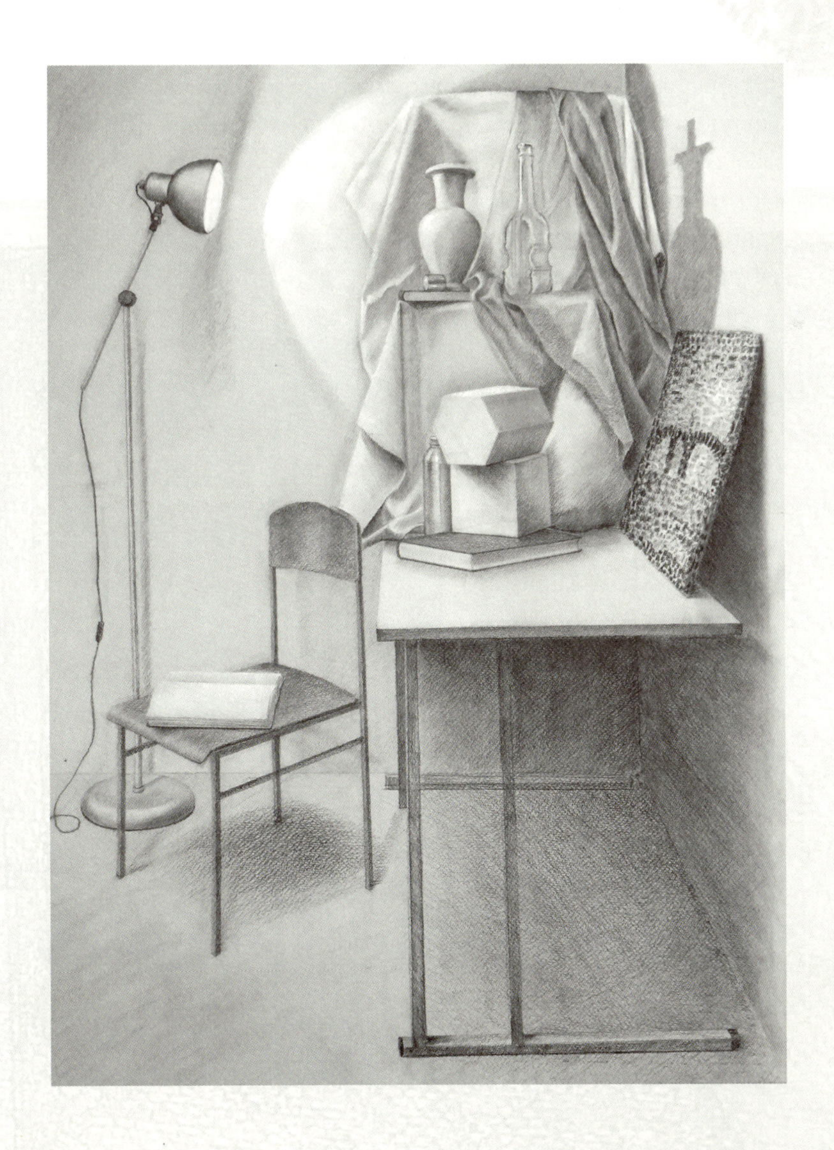

No.17 华南理工大学

Южно-Китайский технологический университет

千秋·耄耋

作　　者：周子芥

作品说明：本作品使用水性笔根据广州海幢寺及周边建筑环境创作。画面整体结构利用住宅区巷道夹景海幢寺。左右两侧为海幢寺周边旧城区住宅建筑，中心为海幢寺建筑，建筑结构材质风格功能均不同，通过细节刻画与光影对比展现了广州老旧住宅建筑及古寺庙建筑风格。海幢寺原址于南汉（五代十国）时称“千秋寺”。现如今广州城市已步入老龄化社会，画中下街巷空间中以一老人背影作为点缀，在意境上沟通画面中的老旧住宅、海幢寺，沟通时空、古今，并成为当代广州城市乃至社会的记忆画面。

选送学校：华南理工大学

«Цянь Цю·Мао Де (тысячилетие и старец)»

Автор: Чжоу Цзыцзе

Описание работы: Эта работа была создана на основе храма Хайчуан в городе Гуанчжоу и его окружающей архитектуры с использованием чернила. Общая концепция рисунка — храм Хайчуан и вокруг него жилые районы с переулками.

С левой и правой стороны расположены жилые здания в старой части города вокруг храма Хайчуан, а центром является сам храм Хайчуан, который отличается от остальных структурой, стилем, предназначением. Благодаря детальному изображению и контрасту света и теней демонстрируется архитектурный стиль старых жилых зданий и древних храмов в Гуанчжоу. Во время правления династии Наньхань (эпоха пяти династий и десяти царств), Храм Хайчуан назывался «Храм Цяньцю». В настоящее время город Гуанчжоу входит в «стареющее общество». На рисунке, где улицы и переулки была изображена спина старика, она стала деталью, которая соединило старые дома и Храм Хайчуан, также время и пространство, старое и современное, и стало воспоминанием современного города и общества Гуанчжоу. Таким образом, работа и называется «Цянь Цю·Мао Де (тысячилетие и старец)».

Университет: Южно-Китайский технологический университет

No.18 北方（北极）联邦大学

Северный (Арктический) федеральный университет имени М. В. Ломоносова

中俄友谊的力量

作　　者：Д.И. 古茨卡留克

作品说明：作者与朋友的画像。

选送学校：北方（北极）联邦大学

Сила дружбы Китая и России

Автор: Д.И. Гуцкалюк

Описание работы: Автор и его друг изображены на картине.

Университет: Северный (Арктический) федеральный университет имени М.В. Ломоносова

北方（北极）联邦大学主楼

作　　者：M.C. 伊舒京娜

作品说明：北方（北极）联邦大学主楼建于 1929 年。楼前矗立着 1829 年建造的罗蒙诺索夫纪念碑。

选送学校：北方（北极）联邦大学

САФУ, Главный корпус

Автор: М.С. Ишутина

Описание работы: Главный корпус САФУ 1929 год постройки. Перед корпусом памятник М.В. Ломоносову 1829 г.

Университет: Северный (Арктический) федеральный университет имени М.В. Ломоносова

北方（北极）联邦大学自然科学和技术学院教学楼

作　　者：В.И. 诺沃谢洛娃

作品说明：6 号教学楼，曾是波莫瑞师范大学的教学楼。

选送学校：北方（北极）联邦大学

САФУ, Корпус Высшей школы естественных наук и технологий

Автор: В.И. Новоселова

Описание работы: Корпус №6. Бывший корпус Поморского педагогического Университета.

Университет: Северный (Арктический) федеральный университет имени М.В. Ломоносова

北方（北极）联邦大学智能中心科学图书馆

作　　者：M.Г. 科舒京

作品说明：北方（北极）联邦大学智能中心科学图书馆。

选送学校：北方（北极）联邦大学

САФУ, Интеллектуальный центр. Научная библиотека

Автор: М.Г. Кошутин

Описание работы: Интеллектуальный центр, научная библиотека САФУ.

Университет: Северный (Арктический) федеральный университет имени М.В. Ломоносова

北方（北极）联邦大学经济管理与法律学院教学楼

作　　者：П.В. 杰特科娃

作品说明：经济管理与法律学院教学楼。

选送学校：北方（北极）联邦大学

САФУ, Корпус Высшей школы экономики, управления и права

Автор: П.В. Дедкова

Описание работы: Корпус Вышей школы экономики, управления и права.

Университет: Северный (Арктический) федеральный университет имени М.В. Ломоносова

北方（北极）联邦大学工程学院教学楼

作　　者：M.C. 谢切伊科

作品说明：北方（北极）联邦大学工程学院教学楼——建筑系。

选送学校：北方（北极）联邦大学

САФУ, Корпус Высшей инженерной школы

Автор: М.С. Сечейко

Описание работы: Высшая инженерная школа. Строительный факультет.

Университет: Северный (Арктический) федеральный университет имени М.В. Ломоносова

阿尔汉格尔斯克市楚姆巴洛夫卡街

作　　者：B.И. 诺沃谢洛娃
作品说明：步行街，楚姆巴洛夫卡街。
选送学校：北方（北极）联邦大学

Г. Архангельск, проспект Чумбаровка

Автор: В.И. Новоселова
Описание работы: Пешеходная улица, проспект Чумбаровка.
Университет: Северный (Арктический) федеральный университет имени М.В. Ломоносова

阿尔汉格尔斯克市苏特亚金屋

作　　者：E.П. 沃罗尼娜

作品说明：企业家苏特亚金的房子，截至 2000 年被认为是世界上最高的木制房屋（13 层），2012 年被毁。

选送学校：北方（北极）联邦大学

Г. Архангельск, Дом Сутягина

Автор: Е.П. Воронина

Описание работы: Дом предпринимателя Сутягина. На 2000 год самый высокий деревянный дом в мире. (13 этажей). Разрушен в 2012 г.

Университет: Северный (Арктический) федеральный университет имени М.В. Ломоносова

阿尔汉格尔斯克市海运和河运码头

作　　者：E.E. 萨维京娜

作品说明：码头可以停靠海运和河运船只，它的外形就像一艘雪白的轮船。

选送学校：北方（北极）联邦大学

Г.Архангельск, Морской-речной вокзал

Автор: Е.Е. Савинкина

Описание работы: Морской речной вокзал построен в виде белоснежного теплохода, который встречает в порту морские и речные суда.

Университет: Северный (Арктический) федеральный университет имени М.В. Ломоносова

阿尔汉格尔斯克市海豹雕像

作　　者：И.А. 西比里亚科娃、А.Л. 布拉金娜

作品说明：海豹雕像是为纪念拯救者——海豹而立。在伟大的卫国战争期间海豹油成了救命粮，使很多阿尔汉格尔斯克市居民免于饿死。阿尔汉格尔斯克市饿死的人数排在被封锁的列宁格勒之后，位居第二。

选送学校：北方（北极）联邦大学

Г. Архангельск, Памятник тюленю

Авторы: И.А. Сибирякова, А.Л. Брагина

Описание работы: Памятник тюленю. Поставлен в честь спасителя тюленя. В годы Великой отечественной войны тюлений жир спас от голодной смерти жителей города Архангельск. По количеству голодных смертей Архангельск был на 2 месте после блокадного Ленинграда.

Университет: Северный (Арктический) федеральный университет имени М.В. Ломоносова

阿尔汉格尔斯克市中心商场

作　　者：O.A. 弗拉基米罗娃

作品说明：中心商场是阿尔汉格尔斯克市最古老的石头建筑。2018 年该商场庆祝建店 450 周年。

选送学校：北方（北极）联邦大学

Г. Архангельск, Гостиные Дворы

Автор: О.А. Владимирова

Описание работы: Гостиные Дворы — самое старое каменное здание в городе. В 2018 году они отметили свой 450-летний юбилей.

Университет: Северный (Арктический) федеральный университет имени М.В. Ломоносова

No.19 吉林大学

Цзилиньский университет

革故鼎新

作　　者：张博

作品说明：以吉林大学鼎新楼为主体，生机勃勃的自然环境和宁静的湖面遥相呼应。

选送学校：吉林大学

Перемены

Автор: Чжан Бо

Описание работы: Корпус Динсинь как основа Цзилиньского университета, сочетание живой природы и тихого озера.

Университет: Цзилиньский университет

吉大清湖

作　　者：智柳

作品说明：这副图画描绘出了吉林大学美丽的校园一角——清湖。清澈透底的湖面上漂着一簇簇碧绿的荷叶，星星点点的莲花点缀其中，还有吉林大学的天鹅。优雅的白天鹅与刚出生的小天鹅嬉戏其中，宁静，温馨，展现了吉林大学美丽迷人的校园风光。

选送学校：吉林大学

Озеро в Цзилиньском университете

Автор: Чжи Лю

Описание работы: Эта картина изображает красивое местечко в кампусе Цзилиньского университета — озеро Цинху. На чисто прозрачном озере плавают изумрудно — зеленые листья лотоса. На усыпанном цветами лотоса озере еще есть белая лебедь, которая играет со своими маленькими лебедятами, и эта картина передает ощущение спокойствия и тепла. В работе показаны красивые и очаровательные пейзажи кампуса Цзилиньского университета.

Университет: Цзилиньский университет

长春记忆——伪满司法部旧址

作　　者：曾浩明

作品说明："八大部"是伪满洲国的八大统治机构，即治安部（军事部）、司法部、经济部、交通部、兴农部、文教部、外交部、民生部的统称。这些政治机构同伪满国务院、综合法衙（司法检察机关）都建在长春新民大街附近，形成以地质宫为中心的建筑群。作品选取了"司法部旧址"以及"道台府旧址"两个地方进行主题创作表达，运用版画的凸版表现技法，充分体现了旧址的历史风貌。

选送学校：吉林大学

Воспоминания Чанчуня — старый адрес Министерства юстиции правительства Маньчжоуго

Автор: Цзэн Хаомин

Описание работ: «Восемь министерств» — это общее название восьми основных руководящих органов марионеточного государства Маньчжоуго. То есть Министерство общественной безопасности (Министерство военных дел), Министерство юстиции, Министерство экономики, Министерство связи, Министерство сельского хозяйства, Министерство культуры и образования, Министерство иностранных дел и Министерство народного благоденствия. Эти политические органы, наряду с государственным советом правительства Маньчжоуго и правоохранительными органами (судебными органами прокуратуры), были построены недалеко от улицы Синьминь в Чанчуне, образуя комплекс зданий с центром. Основной темой этой работы являются бывшие здания Министерства юстиции правительства Маньчжоуго и правительства Цзилинь Даотай. Используя технику высокой печати, автор воплотил исторический облик этих зданий.

Университет: Цзилиньский университет

长春记忆——吉林道台府旧址

Воспоминания Чанчуня — старый адрес правительства Цзилинь Даотай

伪满司法部旧址

吉林道台府旧址

长春的记忆——伪满皇宫旧址

作　　者：李维佳

作品说明：长春见证了中国最后一个皇帝溥仪的傀儡皇帝生活，也见证了日本帝国主义侵略中国的恶行。而长春伪满时期的建筑更是能代表长春这一重要历史时期的记忆，代表着人们对于长春的印象。

选送学校：吉林大学

Воспоминания Чанчуня — старый адрес императорского дворца Маньчжоуго

Автор: Ли Вэйцзя

Описание работ: Чанчунь был свидетелем жизни последнего императора Китая Пу Йи, и так же был свидетелем злой агрессии японского империализма против Китая. Постройки псевдо-Манчжурского периода в Чанчуне представляют память об этом важном историческом периоде Чанчуня, а также впечатление людей о Чанчуне.

Университет: Цзилиньский университет

长春的记忆——伪满综合法衙旧址

Воспоминания Чанчуня —старый адрес правоохранительного органа Маньчжоуго

伪满皇宫旧址

伪满综合法衙旧址

印象·长春——伪满国务院旧址

作　　者：王茂盛

作品说明：作品紧紧围绕着长春标志性建筑以及吉林大学标志性建筑为创作核心，选取了“伪满国务院旧址”以及“伪满交通部旧址”两个地方进行主题创作表达，这两处旧址现已成为吉林大学校址的一部分。本人通过现场考察、取景，通过版画语言的转换、艺术化的处理，运用版画的凸版表现技法，进行画稿子、制版等一步步的创作，将旧址的历史风貌给予充分的体现。

选送学校：吉林大学

Воспоминание Чанчуня — старый адрес Госсовета правительства Маньчжоуго

Автор: Ван Маошэн

Описание работ: Картина тесно связана со значимыми зданиями Чанчуня и Цзилиньского университета. Бывшие здания Госсовета правительства Маньчжоуго и Министерства связи правительства Маньчжоуго были выбраны основной темой этой работы, теперь эти помещения стали частью университетского городка Цзилинь.

Посредством знакомства с местом, создания снимков, замены гравюрой, художественной обработки и использования техники высокой печати был сделан набросок картины. Она создавалась шаг за шагом, отражая все исторические особенности старого здания и его первоначальный исторический облик.

Университет: Цзилиньский университет

印象·长春——伪满交通部旧址

Воспоминание Чанчуня — старый адрес Министерства связи правительства Маньчжоуго

伪满国务院旧址

伪满交通部旧址

中俄友谊的大门永远敞开——中俄第一桥

作　　者：周丽媛

作品说明：中俄友谊的大门永远敞开。在敞开的大门中，两侧是中国和俄罗斯的代表性建筑，贯穿始终的是中俄第一桥，象征着中俄交流使得中俄建筑特色相互借鉴，并且由于中俄第一桥的建立，更加深了中俄的友谊。整幅图片采用鲜明的色彩突出特点、吸引眼球。另外五幅分别是长春校园文体中心，吉林大学教学楼、长春城市茶馆以及两幅长春老城区代表建筑，两幅水彩，三幅钢笔手绘。

选送学校：吉林大学

Двери в китайско-российскую дружбу всегда открыты — первый мост между Китаем и Россией

Автор: Чжоу Лиюань

Описание работ: Двери в китайско-русскую дружбу всегда открыты. В открытых дверях по обе стороны изображены здания, представляющие Китай и Россию, и через них проходит первый мост между двумя странами. Установление первого моста еще больше укрепило дружбу между Китаем и Россией. Вся картина красуется яркими цветами, привлекая внимание. Другие пять — это культурно-спортивный центр студенческого городка Чанчуня, учебный корпус Цзилиньского университета, городской чайный дом Чанчуня и здания символизирующие старый район Чанчуня, две акварельной краски и три ручной росписи пером.

Университет: Цзилиньский университет

中俄友谊的大门永远敞开——吉林大学教学楼

Двери в китайско-российскую дружбу всегда открыты — учебный корпус Цзилиньского университета

中俄友谊的大门永远敞开——长春城市古建筑水彩画

Двери в китайско-российкую дружбу всегда открыты — акварельная роспись старинных зданий в Чанчуне

中俄友谊的大门永远敞开——长春校园文体中心

Двери в китайско-российскую дружбу всегда открыты: культурно-спортивный центр кампуса Чанчунь

中俄友谊的大门永远敞开——长春城市茶馆

Двери в китайско-российкую дружбу всегда открыты — чайная в Чанчуне

中俄友谊的大门永远敞开——长春城市古建筑钢笔手绘画

Двери в китайско-российкую дружбу всегда открыты — ручная роспись пером старинных зданий в Чанчуне

李四光楼

作　　者：孟现锋

作品说明：手绘作品“李四光楼”采用速写的形式表现。李四光为地质学家、教育家、音乐家、社会活动家，中国地质力学的创立者、中国现代地球科学和地质工作的主要领导人和奠基人之一，新中国成立后第一批杰出的科学家和为新中国发展做出卓越贡献的元勋，担任东北地质学院（后名长春地质学院，现为吉林大学地学部）首任院长。

选送学校：吉林大学

Здание Ли Сыгуан

Автор: Мэн Сяньфэн

Описание работы: Ручная работа «Здание Ли Сыгуан» выполнена в виде эскиза. Ли Сыгуан — геолог, педагог, музыкант, общественный деятель, основатель геомеханики в Китае, один из главных лидеров и основателей современной китайской геонауки и геологических работ, входил в первую партию выдающихся ученых со дня образования Нового Китая, и человек, который внес огромный вклад в развитие Нового Китая, а также первый декан Северо-восточного института геологии (позже Институт геологии Чанчуня, ныне факультет геонаук Цзилиньского университета).

Университет: Цзилиньский университет

宋治平体育馆

作　　者：孟现锋

作品说明：手绘作品“宋治平体育馆”采用速写的形式表现。吉林大学校友总会副理事长宋治平为项目捐资，学校特将此建筑命名为宋治平体育馆。体育馆整体建筑长约 170 米，宽约 70 米，建筑总面积 3.6 万平方米。馆内设施丰富完善，主要包含 CUBA 标准篮球比赛馆（座位数量 3 563 个）、篮球训练馆、田径训练馆、网球训练馆、排球训练馆、乒乓球训练馆、健身馆及其他附属设施等。

选送学校：吉林大学

Спортивный комплекс Сун Чжипин

Автор: Мэн Сяньфэн

Описание работы: Ручная работа «Спортивный комплекс Сун Чжипин» выполнена в виде эскиза. Сун Чжипин, вице-председатель Ассоциации выпускников Цзилиньского университета, он оказал денежную помощь для осуществления проекта, и в честь этого университет прозвал спортивный комплекс Сун Чжипин. Общая площадь спортивного комплекса составляет около 170 метров в длину и 70 метров в ширину, а общая площадь составляет 36 000 квадратных метров. Комплекс оснащен: в основном включены стандартный Баскетбольный зал для соревнования CUBA (3 563 места), баскетбольный зал, зал легкой атлетики, теннисный зал, волейбольный зал, зал для настольного тенниса, тренажерный зал и другие.

Университет: Цзилиньский университет

No.20 西伯利亚国立列舍特涅夫科技大学

Сибирский государственный университет науки и технологий имени академика М. Ф. Решетнёва

西伯利亚的无名山脉

作　　者：E.B. 维里古拉

作品说明：九月，面前是长满针叶林的山脉，我试图爬上云雾缭绕的山顶。森林像一条水平线，把两座西伯利亚的大山和一个无名的湖泊分割开来。湖水五颜六色，反射出的光芒直接进入我们的眼帘。这只是目光所至，我尝试把西伯利亚描绘成无人之境，但是却在这里看到一艘雪白的快艇。与外界的隔绝好像被打破了，周围的一切都受到威胁。请珍惜这片湖泊和针叶林，保护原生态的自然景观！

选送学校：西伯利亚国立列舍特涅夫科技大学

Неизвестные горы Сибири

Автор: Е.В. Велигура

Описание работы: Сентябрь. Хвойные горы, пытаются взобраться в небеса — скрыться в пелене тумана. Лес — как горизонтальная нить, разделяющая Сибирских великанов и Недосказанное озеро. Озеро представлено многочисленными разнообразными по цвету мазками, которые несут отражение поверхности, доходящее до нас. Это лишь кусок моего взора, я пыталась изобразить Сибирь нетронутой, но здесь проплывает белоснежный катер. Кажется, рушится вся эта уединенность. Все подвергается опасности. Берегите это озеро, берегите хвойные леса и ландшафт нетронутой природы!

Университет: Сибирский государственный университет науки и технологий имени академика М. Ф. Решетнёва

黄 昏

作　　者：E.B. 沃伊秋科娃

作品说明：航空航天学院（我喜欢的一所大学）的景色。每天傍晚在回家的路上，我都看到校园笼罩在落日的余晖中。具体缘由说不出来，但我非常珍惜这一刻的美景。我画的是位于克拉斯诺亚尔斯克工人报大街的西伯利亚国立科技大学航空航天学院。如果你们问我为什么画这个，我会毫不迟疑地回答："它对我来说弥足珍贵。"珍贵之处在于，一周的时光单调乏味，我感受不到任何的美，所有事物都是一个模样。但是，当我下了有轨电车往家走，并回头看到那宏伟的建筑笼罩在夕阳的余晖中时，我会不由自主地发出赞叹，这让我重新获得了美的感受。

我用水彩创作了这幅作品，就是为了强调这些瞬间的难以察觉。平日里，我们很难注意到世界是如此美好，而这些美好的事物就在我们周围，我们只不过是无法捕捉。

选送学校：西伯利亚国立列舍特涅夫科技大学

Вечер

Автор: Е.В. Войтюкова

Описание работы: Вид на аэрокосмическую академию (мой любимый университет). Каждый вечер, возвращаясь домой, я смотрю, как она утопает в лучах заходящего солнца. Сложно сказать почему, но мне дорог этот вид.

Я изобразила здание аэрокосмической академии Сибирского государственного университета науки и технологий, расположенное на улице Красноярский рабочий. И, если вы спросите меня, почему я изобразила именно этот вид, я без промедления отвечу: «мне он дорог». Он дорог мне потому что, когда неделя превращается в серые однообразные будни, я перестаю ощущать прекрасное. Все сливается в одно. Но, когда я возвращаюсь домой и, выходя из трамвайчика, оборачиваюсь и вижу, как в последних лучах солнца утопает величественное здание, я невольно восхищаюсь. Это возвращает меня в чувства.

Я написала работу акварелью, чтобы подчеркнуть неуловимость таких моментов. Ведь в обыденности мы редко замечаем насколько прекрасен наш мир, и мы просто не можем уловить то «прекрасное», которое нас окружает.

Университет: Сибирский государственный университет науки и технологий имени академика М.Ф. Решетнёва

波兹杰耶夫纪念碑旁

作　　者：Д.Е. 德瓦拉克

作品说明：克拉斯诺亚尔斯克市的主要街道是和平大街。街道对面矗立着著名的苏联和俄罗斯画家安德烈·根纳季耶维奇·波兹杰耶夫的纪念碑，它旁边就是以伟大的俄罗斯作家阿斯塔菲耶夫命名的师范大学。画中再现了克拉斯诺亚尔斯克的灵魂所在——小巷、摆放免费图书的架子、红色的花楸树枝、小店铺和喜爱读书的友好市民。

选送学校：西伯利亚国立列舍特涅夫科技大学

У памятника Поздееву

Автор: Д.Е. Дварак

Описание работы: На картине изображена главная улица города — Проспект Мира. Напротив этой запечатленной на картине улицы находится знаменитый памятник Поздееву Андрею Геннадьевичу — советскому и российскому художнику. Также рядом находится педагогический университет имени В.П.Астафьева — великого российского писателя. Картина отображает душу Красноярска. Его маленькие улочки, стенды с бесплатными книжками, красные ветки рябины, миленькие лавочки и хороших людей, любящих бесценные книги.

Университет: Сибирский государственный университет науки и технологий имени академика М. Ф. Решетнёва

梦幻的清晨

作　　者：Н.А. 孔德拉季耶娃

作品说明：在维诺格拉茨基桥（牵索桥）上迎接黎明。画中的步行桥称为维诺格拉茨基桥，也称牵索桥，它横跨叶尼塞河，通往塔特舍夫岛。在日出和日落时分，这个地方非常漂亮。桥体别具风格，夜间有辅助照明灯。这座桥是一个非常受欢迎的地方，因为从这里可以欣赏到美丽的景色。它把市中心和岛屿连接起来，人们可以在岛上散步、休息、度过闲暇时光。

选送学校：西伯利亚国立列舍特涅夫科技大学

Утреннее волшебство

Автор: Н.А. Кондратьева

Описание работы: Встреча рассвета на Виноградском (Вантовом) мосту.

На картине изображен пешеходный мост через Енисей на остров Татышева. Он носит название Виноградовский или Вантовый мост. Во время заката и рассвета это место очень красиво. Сам мост выглядит стильно, а в ночное время оснащен подсветкой. Данный мост -очень популярное место, так как с него открывается красивый вид; он соединяет центр города и остров, на котором люди гуляют, отдыхают и хорошо проводят время.

Университет: Сибирский государственный университет науки и технологий имени академика М. Ф. Решетнёва

车窗外

作　　者：B.A. 斯塔莉玛科娃

作品说明：透过从大学旁边驶过巴士的车窗，作品展现了秋天森林的景色。车窗外是一片树林，树叶泛黄，一半已经落下，温暖的阳光洒进车窗并落在乘客的眼睛上。这幅画色彩丰富，既有黄色，又有橙色、红色，甚至还有点绿色。环顾四周，色彩斑斓，美不胜收。安静舒适和孤身一人的乘车之旅有助于缓解压力和专注思考重要的事情，也有助于放松休息，远离大城市的喧嚣和人群。

选送学校：西伯利亚国立列舍特涅夫科技大学

За стеклом

Автор: В.А. Стальмакова

Описание работы: На картине изображён пейзаж осеннего леса за окном проезжающего мимо университета автобуса. За окном стоят деревья с пожелтевшими и наполовину опавшими листьями, солнце аккуратно светит в окно автобуса и попадает в глаза пассажиров. В этой картине представлены многочисленное изобилие красок: и жёлтый, и оранжевый, и красный, и даже остатки зелёного. И всё это изобилие цветов, буйство красок окружает нас со всех сторон. Именно такие, уютные поездки в тишине и одиночестве помогают снять стресс, сосредоточится на чём-то важном для себя, отдохнуть от суеты большого города и уединиться с собой.

Университет: Сибирский государственный университет науки и технологий имени академика М. Ф. Решетнёва

回家之路

作　　者：Ю.В. 萨尔采维奇

作品说明：作品刻画了难忘的回乡之旅。夕阳映射着家的温暖，那里有人爱你，有人等你。画中展现出家乡地域的宽广，远离文明、喧嚣和忙碌。而铁路又使人产生遐想，盼望能与亲人早日相聚。

选送学校：西伯利亚国立列舍特涅夫科技大学

Дорога домой

Автор: Ю.В. Салцевич

Описание работы: Эта картина построена на незабываемых поездках в родную деревню. Отражение заката — признак тепла родного дома, где тебя любят и ждут. На картине показана вся широта просторов родного края, вдали от цивилизации, шума и суеты. А путь по железной дороге дает возможность помечтать о долгожданной встрече с дорогими людьми.

Университет: Сибирский государственный университет науки и технологий имени академика М. Ф. Решетнёва

No.21 天津理工大学

Тяньцзиньский технологический университет

理工日晷

作　　者：陈子昂

作品说明：本作品从天津理工大学校内建筑中挑选标志性建筑之一——日晷。日晷代表着时间，也象征着权威和智慧，更代表着天津理工大学的新气象。

选送学校：天津理工大学

Солнечные часы Тяньцзиньского технологического университета

Автор: Чэнь Цзыан

Описание работы: В картине изображены один из значимых сооружений Тяньцзиньского технологического университета — солнечные часы, они олицетворяют время и символизируют силу и мудрость, а также новые веяния в Тяньцзиньском технологическом университета.

Университет: Тяньцзиньский технологический университет

天津劝业场印象

作　　者：陈子昂

作品说明：本作品以成角透视的方法绘制了劝业场的建筑。天津劝业场曾是天津最大的一家商场，是天津商业的象征。2016 年 9 月，天津劝业场入选“首批中国 20 世纪建筑遗产”名录。

选送学校：天津理工大学

Впечатления от Тяньцзинь Цюань ечан

Автор: Чэнь Цзыан

Описание работы: Эта работа изображает угловую перспективу постройки «Цюань ечан», Он был когда-то крупнейшим торговым центром в Тяньцзине и символом торговой промышленности этого города. В сентябре 2016 года «Тяньцзинь Цюань ечан» был включен в список «Первых архитектурных наследий XX-ого века в Китае».

Университет: Тяньцзиньский технологический университет

理工球

作　　者：刘子健

作品说明：本作品以五点透视的方法，绘制出天津理工大学的球形透视。以图书馆至南门为中轴线依次绘制出校园建筑，形式新颖，趣味性较强。

选送学校：天津理工大学

Шар

Автор: Лю Цзыцзянь

Описание работы: В этой работе используется метод пятиточечной перспективы, сделан чертеж сферической перспективы Тяньцзиньского технологического университета. Здания кампуса нарисованы в последовательности с библиотеки на южные ворота в качестве центральной оси, что придает новые формы и делает его интересным.

Университет: Тяньцзиньский технологический университет

天津解放桥

作　　者：刘子健

作品说明：本作品为手绘的天津解放桥，解放桥连接河北区世纪钟广场与和平区解放北路，最初建于 1902 年，于 1923 年重建，1927 年正式建成。原名“万国桥”，即国际桥之意。天津解放后此桥正式更名为“解放桥”，并沿用至今。该桥是一座全钢结构可开启的桥梁，是天津的标志性建筑物之一。

选送学校：天津理工大学

Мост «Цзефан» в Тяньцзине

Автор: Лю Цзыцзянь

Описание работы: Эта ручная роспись моста «Цзефан» в Тяньцзине, он соединяет вековую площадь с башней в районе Хэбэй и северную дорогу Цзефан района Хэпин. Мост первоначально был построен в 1902 году, потом в 1923 году его перестроили, и официально завершили в 1927 году. «Цзефан» ранее был известный как «Мировой мост», что означает международный мост. После освобождения Тяньцзиня, мост был официально переименован в Мост «Цзефан» и до сих пор так и называется. Сейчас он представляет собой цельностальной разводной мост и является одним из значимых построек Тяньцзиня.

Университет: Тяньцзиньский технологический университет

津之霞

作　　者：汤倩男

作品说明：晚霞的映衬下，有一种别样的美，那就是天津体育馆。绘图中使用了马克笔、彩铅和色粉等工具。首先，用铅笔起稿画出整个画面的构图，并用针管笔画出建筑，再画出建筑物的固有色及建筑物上光影的颜色，画植物时也注意到了植物的层次，最后用色粉画出天空。整幅图生动形象地体现了建筑之美、自然之美。我们肩并肩一起努力，让建筑和自然融合为一体。

选送学校：天津理工大学

Закат Тяньцзиня

Автор: Тан Цяннань

Описание работы: На фоне заходящего солнца можно увидеть еще одну красоту —Тяньцзиньский стадион. Для чертежа были использованы такие инструменты как маркеры, цветные карандаши и пастель. Сначала композиция целиком была нарисована карандашом, затем кистью создавались здания, которые были дополнены естественными цветами и тенями. Растения были нарисованы последовательно, затем и с помощью пастеля было начертано небо. Вся картина ярко отражает красоту архитектуры и природы. Мы стараемся, чтобы архитектура и природа были объединены в единое целое.

Университет: Тяньцзиньский технологический университет

"母亲"的倒影

作　　者：张旖凡

作品说明：北方冬天总是很冷，草地上的水洼结成了冰，我偶尔经过那里，发现冰封世界里的另一个图书馆。她像一个多维度的空间的长者，看着学生来去、往返。此时此刻，她注视着我，如同母亲。

选送学校：天津理工大学

Отражение «матушки»

Автор: Чжан Ифань

Описание работы: На севере зимой всегда холодно, лужи образовывают лед. Я иногда прихожу туда и вижу совсем другую библиотеку — библиотеку в замерзшем мире. Она как старейшина этого мира, наблюдает как студенты приходят и уходят. И в этот момент она смотрела на меня словно матушка на своего ребенка.

Университет: Тяньцзиньский технологический университет

天津之眼

作　　者：张旖凡

作品说明：六百年来，海河边出现了村落、城镇，入海口的居民依凭海河水滋养，代代繁衍。这片土地，名为“天津”。而今海河上，矗立起巨大的白色摩天轮。黄色的光里，她凝视着这座城市。

选送学校：天津理工大学

Око Тяньцзиня

Автор: Чжан Ифань

Описание работы: В течение шести сотен лет у реки Хайхэ появился поселок, жители устья реки питались «дарами» Хайхэ, размножаясь из поколения в поколение. Эта земля называется «Тяньцзинь». На нынешней реке Хайхэ стоит огромное белое колесо обозрения, которое в свете ламп бросает свои взоры на город.

Университет: Тяньцзиньский технологический университет

No.22 乌拉尔联邦大学

Уральский федеральный университет имени первого Президента России Б.Н. Ельцина

乌拉尔联邦大学最早的教学楼

作　　者：Е.Д. 布格洛娃

作品说明：乌拉尔联邦大学最早的教学楼，现为乌拉尔人文学院。

这座教学楼曾经归属乌拉尔国立大学（俄罗斯最著名的大学之一）。2011 年，乌拉尔国立大学并入乌拉尔联邦大学，并成为新学校的人文学院。

选送学校：乌拉尔联邦大学

Первый

Автор: Е.Д. Бугрова

Описание работы: Первый учебный корпус Уральского федерального университета, Уральский гуманитарный институт.

Здание, в котором ранее располагался Уральский государственный университет— один из известнейших вузов России. В 2011 году он вошел в состав Уральского федерального университета как «гуманитарная» его часть.

Университет: Уральский федеральный университет имени первого Президента России Б.Н. Ельцина

哈利托诺夫宫的附属建筑

作　　者：M.A. 阿列克谢耶夫娜

作品说明：拉斯托尔古夫 - 哈利托诺夫宫庄园是叶卡捷琳堡最著名的建筑之一，其风格古典雅致。18 世纪末，这座庄园和与其毗邻的哈利托诺夫公园充满了城市和历史传说。

选送学校：乌拉尔联邦大学

Флигель Харитоновского Дворца

Автор: М.А. Алексеева

Описание работы: Усадьба Расторгуевых - Харитоновых. Одно из самых известных и выдающихся зданий Екатеринбурга в строгом классическом стиле. Усадьба конца XVIII века и прилегающий к ней Харитоновский парк окружены городскими и историческими легендами.

Университет: Уральский федеральный университет имени первого Президента России Б.Н. Ельцина

木制建筑

作　　者：M.A. 阿列克谢耶夫娜

作品说明：斯维尔德洛夫斯克州地方志博物馆“阿伽弗罗夫之家”俱乐部是一栋具有俄罗斯风格的建筑，它属于绝无仅有的木结构建筑古迹。阿伽弗罗夫兄弟是叶卡捷琳堡的商人，19 世纪和 20 世纪初他们是乌拉尔和西伯利亚地区著名的成功企业家和社会活动家。在这栋房子里组建博物馆俱乐部的主要目的是要转变游客的角色——由观察者转变成文化事件的参与者，这是乌拉尔企业家精神传统的延续。

选送学校：乌拉尔联邦大学

Деревянное здание

Автор: М.А. Алексеева

Описание работы: Музейный клуб «Дом Агафуровых» Свердловского областного краеведческого музея. Дом, построенный в русском стиле, является уникальным памятником деревянного зодчества. Братья Агафуровы — екатеринбургские купцы (XIX — начало XX века), известные на Урале и в Сибирикак успешные предприниматели и общественные деятели. Организация в этом доме музейного клуба, имеющего своей главной целью изменение позиции посетителя — уход от позиции созерцателя к позиции участника культурного события, является продолжением традиций уральского предпринимательства.

Университет: Уральский федеральный университет имени первого Президента России Б.Н. Ельцина

木制公馆

作　　者：A.B. 库坚科

作品说明：贵族谢利瓦诺娃的府邸，现为乌拉尔国立建筑艺术大学建筑艺术学院。

这栋大楼是 19 世纪末木制住宅楼的典范，既有现代派风格，又有俄罗斯风格。20 世纪 80 年代，建筑学院的学生进行了楼体的修缮工作，这里至今是建筑大学的院系所在地。

选送学校：乌拉尔联邦大学

Деревянный особняк

Автор: А.В. Кутенко

Описание работы: Дом дворянки Селивановой, сейчас Школа архитектурно-художественного творчества Уральского государственного архитектурно-художественного университета

Образец деревянного жилого дома конца XIX века, в его архитектуре можно увидеть стиль модерн и «русский» стиль. В 1980-х студентами Архитектурного института была проведена реставрация здания – и здесь до сих пор располагаются отделения Архитектурного университета.

Университет: Уральский федеральный университет имени первого Президента России Б.Н. Ельцина

谢瓦斯季亚诺夫府邸

作　　者：K.A. 梅利尼科娃

作品说明：谢瓦斯季亚诺夫府邸位于市中心，是最具魅力和令人念念不忘的历史建筑。这座独一无二的公馆集多种建筑风格于一身，包括古典式、新哥特式、巴洛克式、摩尔式等等。

选送学校：乌拉尔联邦大学

Дом Севастьянова

Автор: К.А. Мельникова

Описание работы: Дом Севастьянова. Самое яркое и запоминающееся историческое здание, расположенное в центре города. Уникальный особняк сочетает в себе сразу несколько стилей — классический, неоготику, барокко, мавританский.

Университет: Уральский федеральный университет имени первого Президента России Б.Н. Ельцина

结构主义的日落

作　　者：A.O. 米涅耶娃

作品说明：白塔是乌拉尔重型机器制造厂的水塔，如今已经废弃，建于 1929 年，竣工于 1931 年。白塔作为先锋派建筑古迹得到世界认可。

选送学校：乌拉尔联邦大学

Закат конструктивизма

Автор: А.О. Минеева

Описание работы: Белая башня — это водонапорная башня завода Уралмашзавода, не используемая в настоящее время. Построена в 1929 — 1931 годах. Белая башня имеет мировое признание как памятник архитектуры авангарда.

Университет: Уральский федеральный университет имени первого Президента России Б.Н. Ельцина

叶卡捷琳堡李卜克内西特大街

作　　者：T.M. 斯捷潘诺娃

作品说明：卡尔·李卜克内西特大街上的师范大学的建筑。这条大街以社会主义运动活动家、德国共产党创始人之一卡尔·李卜克内西特的名字命名。画中所看到的大楼，以前曾是女子中学，其职业定位是培养师资。现在这栋大楼隶属于师范大学。

选送学校：乌拉尔联邦大学

Екатеринбург. Ул. Либкнехта

Автор: Т.М. Степанова

Описание работы: Здание Педагогического университета на ул. Карла Либкнехта.

Улица Карла Либкнехта носит имя деятеля социалистического движения, одного из основателей коммунистической партии Германии. Исторически в здании, которое можно увидеть на картине, располагалась женская гимназия, с профессиональной ориентацией на педагогическую деятельность. Сейчас здание принадлежит Педагогическому университету.

Университет: Уральский федеральный университет имени первого Президента России Б.Н. Ельцина

习 作

作　　者：A.P. 穆卡耶娃

作品说明：亚历山大涅夫斯基教堂坐落在叶卡捷琳堡植物园。公园周边都是19世纪30年代的建筑。这座拜占庭风格的建筑隶属于新齐赫文斯基修道院。

选送学校：乌拉尔联邦大学

Этюд

Автор: А.Р. Мукаева

Описание работы: Здание часовни Александра Невского.

Действующий храм, расположенный в Екатеринбургском дендропарке. Парк появился вокруг здания XIXвека в 1930-х годах. Здание в византийском стиле принадлежит Ново-Тихвинскому монастырю.

Университет: Уральский федеральный университет имени первого Президента России Б.Н. Ельцина

原乌拉尔国立技术大学（乌拉尔联邦大学）的春景

作　　者：T.M. 斯捷潘诺娃

作品说明：画中以乌拉尔联邦大学主楼为背景，凸显盛开的丁香灌木丛。这栋大楼以前隶属于乌拉尔国立技术大学。2011 年，乌拉尔国立技术大学并入乌拉尔联邦大学，并成为新学校的工学院。

选送学校：乌拉尔联邦大学

Весна УПИ (УрФУ)

Автор: Т.М. Степанова

Описание работы: На фоне главного здания (Главный учебный корпус) УрФУ расцветший куст сирени. Ранее здание принадлежало Уральскому государственному техническому университету-УПИ. В 2011 году он вошел в состав Уральского федерального университета как «инженерная» его часть.

Университет: Уральский федеральный университет имени первого Президента России Б.Н. Ельцина

我的城市

作　　者：Д.С. 米特柳科娃

作品说明：这是从哈利托诺夫公园水域看升天大教堂和滴血大教堂的画面。作品展现的是市内两座最重要的教堂：升天大教堂是市内唯一的巴洛克风格的教堂，曾经坐落在城市的最高点；滴血大教堂建在 1918 年沙皇一家被枪杀的地方，于 2003 年建成。现如今滴血大教堂是叶卡捷琳堡最主要的旅游景点之一。

选送学校：乌拉尔联邦大学

Мой город

Автор: Д.С. Митрюкова

Описание работы: Вид на Храм Вознесения Господня и Храм-на-Кровис акватории Харитоновского парка.

На рисунке изображены самые культурно важные храмы города: Храм Вознесения Господня — единственная в городе церковь в стиле барокко, исторически была расположена на самом высоком месте города. Храм-на-Крови — храм, построенный в 2003 году на месте расстрела царской семьи в 1918 году. Сейчас Храм-на-Крови — одна из главных туристических достопримечательностей Екатеринбурга.

Университет: Уральский федеральный университет имени первого Президента России Б.Н. Ельцина

友 谊

作　　者：A.B. 古马纽克

作品说明：这是“2018 阿斯图联盟第四届年会”的画面。本次年会适逢第五届中俄博览会召开之际，是第五届中俄博览会的重要组成部分。作品记录了年会期间中俄双方签署协议的时刻。乌拉尔联邦大学承办了本次年会。

图画中为中俄工科大学联盟中方执行长、哈尔滨工业大学副校长任南琪（右一）以及华为莫斯科分公司人事管理部副主任 A.Г. 伊萨耶夫（左一）。

选送学校：乌拉尔联邦大学

Дружба

Автор: А.В. Гуманюк

Описание работы: На рисунке запечатлен момент подписания соглашения между китайской и российской сторонами в ходе мероприятий IV Саммита АТУРК, проходившего в Екатеринбурге в составе V Российско-Китайского ЭКСПО в 2018 году. Уральский федеральный университет принимал Саммит.

На картине изображены заместитель директора департамента управления персоналом московского отделения компании Хуавэй А.Г. Исаев (человек слева) и исполнительный директор АТУРК с китайской стороны, проректор Харбинского политехнического университета Жэнь Наньци (человек справа).

Университет: Уральский федеральный университет имени первого Президента России Б.Н. Ельцина

No.23 同济大学

Университет Тунцзи

品酌豫园

作　　者：何汶

作品说明：豫园是上海珍贵的园林遗产，其始建于明嘉靖己未年，距今已有四百多年的历史。如今，大隐隐于市的豫园成为人们品味古典、赏鱼观花的场所。本图所绘乃豫园的内园大门，其主要由三部分构成：上部为门头，中部为门扇，下部为基座。尤其是上部的门头，设有精致的鸱尾、整齐的飞椽、方正的斗拱，处处彰显着典雅质朴的匠作工艺。作品绘景虽小，却回味无穷。

选送学校：同济大学

Парк Юйюань

Автор: Хэ Вэнь

Описание работы: Парк Юйюань был построен во время династии Мин и имеет 400-летнюю историю. Он является драгоценным наследием Шанхая. Сегодня Парк Юйюань стал местом, где люди могут наслаждаться классикой, рыбами в пруду и любоваться цветами. На этой картине изображены внутренние садовые ворота Парка Юйюань. Она состоит в основном из трех частей, верхняя часть — дверная головка, средняя часть — дверное полотно, а нижняя часть — основание. В частности, верхняя дверная головка оснащена изысканными кормовыми хвостами, аккуратными легкими стропилами с квадратной конструкцией, демонстрирующими элегантность и простоту мастерства. И хотя, сцена живописи невелика, но оставляет яркое впечатление.

Университет: Университет Тунцзи

No.24 南乌拉尔国立大学(国家研究型大学)

Южно-Уральский государственный университет (национальный исследовательский университет)

学校主楼

作　　者：E.A. 沃罗比耶娃，指导教师 O.B. 费纳耶娃副教授

作品说明：学校主楼雄伟壮观，气势恢宏。画中线条同时让人感受到现代氛围和学校的庞大规模。

选送学校：南乌拉尔国立大学

Главный корпус университета

Авторы: Е.А. Воробьева, Преподаватель: доцент О.В. Финаева

Описание работы: Изображение главного корпуса университета показывает величие и монументальность архитектурного сооружения. Графическая подача одновременно передает атмосферу сегодняшнего дня и масштабность университета.

Университет: Южно-Уральский государственный университет (национальный исследовательский университет)

学校的内部装饰

作　　者：А.Б. 西多罗夫，指导教师 М.Ю. 西多连科副教授

作品说明：这幅作品是写生画。当所有学生都在上课的时候，作者带着画板和颜料坐在学校的走廊上，怀着爱意，并用心去描绘学校走廊里安静的气氛。

选送学校：南乌拉尔国立大学

Интерьер университета

Авторы: А.Б. Сидоров, Преподаватель: доцент М.Ю. Сидоренко

Описание работы: Работа автором выполнялась с натуры. Сидя в коридоре университета с планшетом и красками, автор с любовью и вниманием передал атмосферу тишины в коридорах университета, пока все студенты на занятиях.

Университет: Южно-Уральский государственный университет (национальный исследовательский университет)

正厅的内部装饰

作　　者：E.A. 邦达利，指导教师 M.Ю. 西多连科副教授

作品说明：这幅作品是写生画。与正厅人数众多的时候相反，作者描绘的是大厅的气氛——它正在迎接每一个走进校门的人。

选送学校：南乌拉尔国立大学

Интерьер главного холла

Авторы: Е.А. Бондарь, Преподаватель: доцент М.Ю. Сидоренко

Описание работы: Изображение главного холла выполнялось с натуры. Улучив момент отсутствие огромного количества людей, автор передал атмосферу помещения, которая встречает каждого входящего в университет.

Университет: Южно-Уральский государственный университет (национальный исследовательский университет)

建筑上色

作　　者：A.B. 奇斯佳科娃，指导教师 O.B. 费纳耶娃副教授，M.Ю. 西多连科副教授

作品说明：这幅作品采用了建筑上色技法。画面把观众带入作者设定的场景，展现了建筑和大自然之间的关系。作者通过想象成功地表达了周围环境之美和东方神韵。

选送学校：南乌拉尔国立大学

Архитектурная отмывка

Авторы: А.В. Чистякова, Преподаватель: доцент О.В.Финаева, доцент М.Ю. Сидоренко

Описание работы: Работа выполнялась в технике «архитектурная отмывка». Изображение вводит зрителя в сценарий, задуманный автором, передавая связь архитектуры и окружающей природы. Фантазия автора удачно передает красоту и восточный колорит окружения.

Университет: Южно-Уральский государственный университет (национальный исследовательский университет)

车里雅宾斯克市全景

作　　者：E.B. 科津娜，指导教师 O.B. 费纳耶娃副教授
作品说明：城市画面很有观赏性，可以使人们对该城萌发爱意，就像热爱自己的家乡一样。从画中可以探寻到老城区和新城区之间的联系，以及作者通过线条呈现出来的动感效果。
选送学校：南乌拉尔国立大学

Панорама города Челябинска

Авторы: Е.В. Козина, Преподаватель: доцент О.В. Финаева

Описание работы: Изображение города специально немного декоративное, для создания интереса к нему, как признание любви к родному городу. На данной работе можно проследить связь между старым и современным городом, а также динамичность, которую передает графика автора.

Университет: Южно-Уральский государственный университет (национальный исследовательский университет)

城市风光

作　　者：Д.А. 格丽戈丽叶娃，指导教师 М.Ю. 西多连科副教授

作品说明：作品展现的是城里江边的景色，当地人都非常熟悉和喜爱这个地方。与大自然浑然一体的美丽景色激发了作者的创作灵感。作画时，作者尝试使用各种素描工具和材料，这无疑是成功的。作品标新立异，新颖独特。

选送学校：南乌拉尔国立大学

Городской пейзаж

Авторы: Д.А. Григорьева, Преподаватель: доцент М.Ю. Сидоренко

Описание работы: Изображение известного и любимого места в городе, у реки. Красивые виды и связь с природой вдохновили автора на эту работу. Эксперимент с различными графическими материалами, оказался удачным. Работа получилась оригинальная и свежая.

Университет: Южно-Уральский государственный университет (национальный исследовательский университет)

国家公共图书馆

作　　者：B.B. 阿尼先科，指导教师 H.H. 谢梅金

作品说明：这幅写生画是作者带着画板和颜料坐在热闹的大街上创作的。水彩画的轻盈和通透把作者感受到的一切展现了出来。观赏古典建筑可以给人留下美好的记忆。

选送学校：南乌拉尔国立大学

Государственная публичная библиотека

Авторы: В.В. Анищенко, Преподаватель: доцент Н.Н. Семейкин

Описание работы: Работа автором выполнялась с натуры, сидя на оживленной улице с планшетом и красками. Легкость и воздушность акварели передали все, что чувствовал художник. Любование классической архитектурой производит приятное впечатление.

Университет: Южно-Уральский государственный университет (национальный исследовательский университет)

马戏院外景

作　　者：E.A. 博兹德尼茨卡娅，指导教师 M.A. 尼基坚科副教授

作品说明：这是市内沿岸街上的马戏院外景，作者采用了水彩画技法。画面展现了独特的梦中景色和心境，并把某些特色融入城市氛围。

选送学校：南乌拉尔国立大学

Вид на цирк

Авторы: Е.А. Поздницкая, Преподаватель: доцент М.А. Никитенко

Описание работы: Изображение городской набережной с видом на цирк передает в акварельной технике индивидуальное видение, настроение и вносит определенную особенность в атмосферу города.

Университет: Южно-Уральский государственный университет (национальный исследовательский университет)

学校窗外的风景

作　　者：A.A. 索科洛娃，指导教师 Л.Б. 苏丽娜副教授

作品说明：这是从对面教学楼所看到的学校教学楼周边的景色。画面描绘了城市和街道的远景。各种各样的多面体素描令人惊叹不已，并引人驻足观看。作者同样也想展现学校教学楼周围环境的多样性。

选送学校：南乌拉尔国立大学

Вид из окна университета

Авторы: А.А. Соколова, Преподаватель: доцент Л.Б. Сурина

Описание работы: Открывающийся вид из противоположного корпуса университета на окружение университетского комплекса, показывает перспективу города, проспекта. Многогранная графика удивляет многообразием, вызывает интерес к работе. Автор также хотел передать разнообразие характера окружающей среды университетского комплекса.

Университет: Южно-Уральский государственный университет (национальный исследовательский университет)

大学——建筑的幻想

作　　者：M.И. 瓦特鲁宁娜，指导教师 Ж.В. 博诺玛列娃副教授

作品说明：本作品是对“大学在城市中的作用”主题的幻想。作者表达了自己对大学及其周边市内美景的情感。显而易见，作者为自己的母校而感到自豪。

选送学校：南乌拉尔国立大学

Университет. Архитектурная фантазия

Авторы: М.И. Ватрунина, Преподаватель: доцент Ж.В. Пономарева

Описание работы: Работа представляет собой фантазию на тему — роль университета в городе. Автор передал свои чувства к университету, окружая его интересными городскими видами. Понятно, что автор гордится университетом, в котором он обучается.

Университет: Южно-Уральский государственный университет (национальный исследовательский университет)

城市的劳动岗位

作　　者：M.И. 齐姆波尔，指导教师 Ж.B. 博诺玛列娃副教授
作品说明：这幅作品构图新颖，色彩艳丽，特色鲜明，富有张力。车里雅宾斯克是一座劳动城、工业城，作者在画中也强调了这一主题。
选送学校：南乌拉尔国立大学

Трудовая вахта города

Авторы: М.И. Цимбол, Преподаватель: доцент Ж.В. Пономарева

Описание работы: Изображение, своей композицией и ярким цветом передает своеобразный характер и напряжение. Челябинск — город трудовой, промышленный, эту тему и подчеркивает автор работы.

Университет: Южно-Уральский государственный университет (национальный исследовательский университет)

No.25 西安交通大学

Сианьский университет Цзяотун

起航·中国西部科技创新港

作　　者：吕雨恒、江蕊、葛昕

作品说明：中国西部科技创新港——智慧学镇是教育部和陕西省人民政府共同建设的国家级项目。该作品表现创新港主要教学楼建筑的宏伟与绵延，以及环境的秀丽与清新。创新港是西安交通大学的再一次起航，承载着无数学子的希望与汗水，是代表陕西乃至全国的一股新力量。祝愿母校的新区可以在无数师生的共同努力下迎来成长与辉煌。

选送学校：西安交通大学

Взлет – Научно-технический инновационный порт в Западном Китае

Авторы: Люй Юйхэн, Цзян Жуй, Гэ Синь

Описание работы: Научно-технический инновационный порт в Западном Китае городок мудрости — национальный проект, совместно разработанный Министерством образования и народным правительством провинции Шэньси. Эта работа выражает величие и расширение главного учебного здания, а также красоту и свежесть окружающей среды. Инновационный Порт — новый «взлет» Сианьского транспортного университета. Он несет надежду и старание многочисленных последователей, и является новой силой, представляющей Шэньси и всю страну. Желаю, чтобы новый район родного университета расцветал и славился усердием многочисленных преподавателей и студентов.

Университет: Сианьский униврееситет Цзяотун

图书在版编目（CIP）数据

阿斯图印象 / 阿斯图文化系列丛书编写组编. — 哈尔滨：哈尔滨工业大学出版社，2020.5
（阿斯图文化系列丛书）
ISBN 978-7-5603-8781-9

Ⅰ. ①阿… Ⅱ. ①阿… Ⅲ. ①绘画－作品综合集－中国、俄罗斯－现代Ⅳ. ① J231

中国版本图书馆 CIP 数据核字（2020）第 069198 号

阿斯图印象
ASITU YINXIANG

策划编辑　李艳文　范业婷
责任编辑　王晓丹　佟雨繁
封面设计　孟祥静
出版发行　哈尔滨工业大学出版社
社　　址　哈尔滨市南岗区复华四道街 10 号　邮编 150006
传　　真　0451-86414749
网　　址　http://hitpress.hit.edu.cn
印　　刷　哈尔滨精印堂快速印刷有限公司
开　　本　787mm×1092mm 1/16　印张 15.25　字数 450 千字
版　　次　2020 年 5 月第 1 版　2020 年 5 月第 1 次印刷
书　　号　ISBN 978-7-5603-8781-9
定　　价　298.00 元

阿斯图文化系列丛书编写组

顾　　问：刘　宏　谢尔盖·科尔舒诺夫（俄罗斯）　范　峰

主　　编：顾建政

副 主 编：梅文章　董　慰　李艳文

编委会成员：王松引　李国杰　朱胜男　高　洋　马佳翼　张　玮
丹尼斯·佩佳什（俄罗斯）

审　　稿：李文戈　徐　红

Авторский коллектив культурной книжной серии АТУРК

Консультанты: Лю Хун, Сергей Коршунов (Россия), Фань Фэн

Главный редактор: Гу Цзяньчжэн

Заместители главного редактора: Мэй Вэньчжан, Дун Вэй, Ли Яньвэнь

Члены редколлегии: Ван Сунинь, Ли Гоцзе, Чжу Шэннань, Гао Ян,
Ма Цзяи, Чжан Вэй, Денис Педяш (Россия)

Рецензенты: Ли Вэньгэ, Сюй Хун